ISBN 978-0-364-88059-3
PIBN 11280976

Keltisch-Germanischen
Volksstamm.

Von

Karl Dietrich Hüllmann,

ausserordentlichem Professor der Geschichte zu Frankfurt
an der Oder.

Berlin 1798.
Bei Gottlieb August Lange.

Seinem Bruder

Friedrich Ernst Hüllmann,

königlichem Regierungsrathe zu Thorn;

und

seinem Freunde

Johann Gottlob Schneider,

Professor zu Frankfurt an der Oder,

widmet diese Schrift,

als ein Merkmahl

herzlicher Liebe und Hochachtung,

der Verfasser.

Vorrede.

Nicht ohne Schüchternheit, doch mit dem Vertrauen gebe ich diese kleine Schrift heraus, daß billige und sachkundige Leser die Etymologien und historischen Sätze, die ihnen Fehlgriffe zu seyn scheinen, nicht allzu hart rügen werden; da das Meiste, was ich zu berühren gewagt habe, zu den schwierigsten und noch am wenigsten bearbeiteten Gegenständen der Geschichte und Sprachkunde gehört. Sehr angelegentlich bitte ich um die Nach=

ſicht der Leſer bei Stellen, wo ich entweder,
ſo viel mir bewuſſt iſt, keinen Vorgänger
habe; oder wo das Reſultat meiner Unter=
ſuchungen von der gemein geltenden Meinung
zu auffallend abweicht. Dahin rechne ich be=
ſonders die etymologiſchen Erklärungen von
dem Jreländiſchen O', von Don, Erida=
nus, den Endungen Atz und Jtz, von
Alemannen, Kelten, Brittanen,
Weneden, Bojer, Helveten ꝛc. —
Für den urſprünglichen Sitz der Kimbern
halte ich noch immer Schleswig und Holſtein;
nicht aus Unbekanntſchaft mit der neuerlich
darüber vorgetragenen Meinung, ſondern
genöthigt durch die mehrmahlige Prüfung und
Vergleichung aller dahin gehörigen Stellen in
den hiſtoriſch = geographiſchen Schriften der
Griechen und Römer. Auf dieſe Beſtimmung
der Heimath der Kimbern gründet ſich der
hiſtoriſche Entwurf, den ich, zufolge gewiſſer

Angaben Cäsars und Strabo's, über die Niederlassung derselben, in Belgien, und ihren
endlichen Uebergang nach Brittanien, versucht habe. (II. 2 b.) Wem die, N. III. 2.
vorgetragene Muthmaßung über die gleiche
Bedeutung von Druid und Drott, und
über den Ursprung der Drosten = Würde,
aus dem Grunde unwahrscheinlich vorkömmt,
weil die Nordischen Reichsdrosten die höch-
sten Justizbeamten waren: den bitte ich zu
erwägen, daß sie dieses erst in spätern Zeiten geworden sind; und die beiden Bemerkungen nicht zu übersehn: daß sie auch dann
noch immer den Titel Dapifer führten; und
daß im Nordischen Hird = Skraa (Hofrechte)
die Sorge für die königliche Tafel
als das eigentliche und ursprüngliche Geschäft
des Drosten angegeben wird.

Noch ersuche ich die Sprach = und Ge-
schicht = Freunde, diese Schrift ihrer gelegent-

lichen Beurtheilung zu würdigen. Frey von Rechthaberei, werde ich jede abweichende historische und etymologische Behauptung zurücknehmen, sobald man die Autoritäten, mit denen ich dieselbe belegt habe, durch irgend eine Bemerkung entkräftet.

Der Verfasser.

Historisch-etymologischer Versuch

über den

Keltisch = Germanischen Volksstamm.

***

A.

Alle Völkerschaften, welche von den Griechen und Römern unter den allgemeinen Benennungen Kelten und Galaten oder Gallen verstanden werden, machten mit den Germanen Einen Volksstamm aus, und redeten mit denselben Einerlei Grundsprache. Ja es gehörten ursprünglich alle Völker des westlichen, südwestlichen, mittlern und nördlichen Europa zu Einem Hauptstamme, den man, von den beiden bekanntesten Zweigen, den Keltisch=Germanischen nennen kann. Auf diese Vermuthung führen hauptsächlich die Namen der Nationen, Heerführer und Orte, die uns die Griechischen und Römischen Schriftsteller, wiewohl mehr oder minder verunstaltet, überliefert haben.

Dio Cassius, Applan, Strabo und Herodot begehn also keinen Fehler, wenn der Erste theils die Germanen überhaupt zu den Kelten rechnet [1]), theils insbesondere die Sueven [2]); Sikambern, Usipeten und Tenktern [3]) also nennt; der Zweite die Kimbern für Kelten hält [4]); der Dritte die Kelten und Germanen für Stamm-Verwandte erklärt [5]); und der Vierte das ganze große Land vom Ausflusse der Donau bis an das Atlantische Meer, (mit Ausnahme der Südküsten des Mittelländischen Meeres), überhaupt das Kelten-land nennt [6]).

[1] Dio Cassius, Ed. H. S. Reimarus. Hamburgi 1750. Fol. — l. 40. p. 243. 247. — l. 41. p. 282. 283. — l. 47. p. 525. — l. 51. p. 652. — l. 53. p. 704. 721. — l. 59. p. 925. — l. 65. p. 1072. 1074. — l. 77. p. 1299.

[2] l. 51. p. 656.

[3] l. 54. p. 750.

[4] Appian, Ed. Schweighæuser. Lips. 1785. De rebus Illyricis, 4. T. I. p. 833. — De bellis civilibus, l. c. 29. T. II. p. 42.

[5] Strabo L. VII. Almelov. p. 443.

[6] Herodot, Wesseling, l. II. p. 118. l. IV. p. 303.

B. Jene angegebene Hälfte von Europa ist seit den ältesten Zeiten der Sitz dieser großen Haupt-Nation. Zwar haben Phönicier, Griechen, Römer und Araber eine Zeit lang mit in den bewußten Gegenden gewohnt; dessen ungeachtet kann man den großen Strich Landes von Njemen bis an das Westmeer das Keltisch-Germanische Europa nennen.

C. Wenn sich erweisen läßt, daß der Stamm der Keito-Germanen der älteste in Europa ist; alle übrige Europäer aber später eingewandert sind: so wäre es nicht unschicklich, alle zum Keltisch-Germanischen Stamme gehörende Völker mit dem allgemeinen Namen Ur-Europäer zu belegen; die übrigen aber neuere Europäer zu nennen.

———————

Dies sind die Hauptgedanken, die dieser kleinen Schrift zum Grunde liegen, und bei deren Ausführung ich auf die vorzügliche Schonung und Billigkeit der Leser rechne. Mein Zweck ist, zur Unterstützung des ersten von den aufgestellten drei Sätzen, die wichtigsten Spuren zu sammeln, welche auf die Sprach-Verwandtschaft der

Germanischen und Keltischen Völker
führen. Ich finde es am bequemsten, diesen ersten und Haupt-Satz, bei dem ich am längsten
verweilen muß, zuletzt im Zusammenhänge abzu-
handeln; ihn also einstweilen als richtig voraus-
zusetzen; und meinen Gang, in Beziehung auf
die Folgereihe der drei Sätze, rückwärts zu
nehmen.

Folgendes ist eine Anzeige dessen, was der
Leser zu erwarten hat.

I. Weitere Ausführung des mit C bezeichneten
Satzes.

II. Weitere Ausführung des mit B bezeichneten Satzes; oder: Allgemeine Uebersicht der heutigen Keltisch-Germanischen oder Ur-Europäischen
Völker, in Hinsicht auf die Sprachen derselben.

III. Gründe für den mit A bezeichneten Satz;
oder: Versuch, die ursprüngliche Verwandtschaft
der Germanischen und Keltischen Sprachen darzuthun.

1) Vorläufige Bemerkungen.

2) Einige Winke, die sich in diesem Betreff bei
den Griechischen und Römischen Schriftstellern finden.

3) Sammlung und systematische Anordnung
der vorzüglichsten eigenen Namen in der
Keltisch-Germanischen Sprache. — Dieser
Theil des Werks soll sowohl als Grundlage bei
den folgenden etymologischen Versuchen dienen, als auch ein Ganzes für sich ausmachen.

4) Etymologische Versuche über die Namen der
vorzüglichsten ältesten Keltisch-Germanischen
Völker und Heerführer. Die Sprach-Ver-
wandtschaft, die sich daraus ergiebt, soll den
Hauptgrund für den, mit A. bezeichneten
Satz ausmachen.

IV. Erklärendes Namen-Register.

I.

Weitere Ausführung des mit C bezeichneten Satzes.

———————

Wenn man, in der Voraussetzung der Richtig-
keit des Satzes A, das heutige Europa in Hinsicht auf die Abstammung seiner verschiedenen Bewohner betrachtet: so findet man sogleich, daß
über ein Drittheil, nämlich alle westliche, südwestliche, mittlere und nördliche Länder noch jetzt mit
Keltisch - Germanischen Völkern besetzt sind; ja,
daß die letztern, der Zahl nach, bei weitem den
größern Theil der Europäer ausmachen. Von
den, für die Bevölkerung Europens angenomme-
nen 160 Millionen Menschen kommen wenigstens
90 Millionen auf das Keltisch - Germanische, und
nur 70 auf das übrige Europa. Zwar haben sich
die Zweige des großen Keltisch - Germanischen
Stammes seit den Römisch - Germanischen Krie-

gen, und besonders während und seit der Völker-
wanderung, vielfältig in einander verflochten; die
einzelnen Völkerschaften haben sich nach und nach,
wegen der gänzlichen Verschiedenheit ihrer Schicksale und des Ganges ihrer Ausbildung, so sehr
von einander entfernt, daß sie zu charakteristisch-
verschiedenen Nationen geworden sind; bei den
südwestlichen (den Spaniern, Portugiesen, Franzosen) ist überdies jene Abstammung dadurch noch
unkenntlicher geworden, daß diese Völker die
Sprache ihres Stammes verlassen, und die Römische angenommen haben: aber des Allen ungeachtet ist die ursprüngliche Verwandtschaft noch bekannt genug. Wenn nun alle westliche, südwestliche, mittlere und nördliche Europäer, d., i. die
Spanier, Portugiesen, Franzosen, Engländer,
Schottländer, Jreländer, Jsländer, Norrwe-
gen, Schweden, Dänen, Niederländer, Deutschen und Schweizer — ursprünglich Eine
Haupt-Nation ausmachen; wenn dieser große
Volksstamm mit seinen weit ausgedehnten Zweigen der älteste in Europa ist; und die übrigen Europäer, nämlich die östlichen, nord- und süd-öst-
lichen, und die südlich-sten, später aus Asien eingewandert sind: so wäre es bequem, in Schriften,

deren Gegenstand das Große und Allgemeine der Völkergeschichte ist, alle zum Stamme der Kelto-Germanen gehörende Völker des heutigen Europa mit dem allgemeinen Namen der Ur=Europäer, die übrigen mit dem, der neuern Europäer zu belegen.

Die letztern bestehn aus sechs Nationen. Von zweyen derselben (den beiden zuerst folgenden) ist die Einwanderung aus Asien, wenn nicht gewiß, doch wahrscheinlich; von den vier übrigen aber ausgemacht.

1) Die Dako=Getisch=Slavischen Völker.

Erst durch Gatterers Untersuchungen ist die frühere Geschichte der Slavischen Nation aufgeklärt worden. Dieser große Geschichtforscher hat dargethan [1]), daß die Slaven von jenem bekannten Südost=Europäischen Volke abstammen, welches überhaupt von den Griechen Geten, von den Römern Daken genannt wurde [2]); wiewohl eigentlich der östliche Theil der Nation Geten,

[1]) Disquisitio, an Russorum, Polonorum, ceterorumque populorum Slavicorum originem a Getis sive Dacis liceat repetere.

[2]) Plinius, Hist. nat. l. IV. sect. 25.

der westliche Daken, hieß ¹). Mit diesem Re-
sultate läßt sich die Behauptung anderer: daß die
Slaven ein Kaukasisches Volk seyen, — auf eine
Art vereinigen, die den Asischen Ursprung wahrscheinlich macht. Die Dako-Geten haben nicht
von jeher im Norden der Nieder-Donau, und
um deren linke Nebenflüsse, gewohnt; sondern,
aus Thracien kommend, nahmen sie erst;
ungefähr viertehalbhundert Jahre vor Chr. G.,
von diesen Gegenden Besitz ²). In Thracien,
so nahe an Klein-Asien, ist ihre ursprüngliche
Heimath wohl auch nicht gewesen; sondern gegen-
über in Asien, der vermuthlichen Wiege der größern Hälfte des Menschengeschlechts; von da sie
in Zeiten, die jenseit aller Geschichte liegen, nach
Thracien übergegangen seyn müssen.

2) Die Scythisch-Finnischen Völker.

3) Die Hunnisch-Mongolisch-Ungri-
schen Völker.

Ich habe an einem andern Orte zu erweisen
versucht, daß die heutigen Finnen von den Herodotschen Scythen, und die Ungern von den

---

¹) Strabo. VII. p. 466.
²) Idem, l. VII. 453. 462. 465.

Hunno = Mongolen, abstammen [1]); worauf ich mich der Kürze wegen beziehe. Beide Nationen stammen demnach aus Asien. Denn auch die Europäischen Scythen haben sehr wahrscheinlich vorher bei ihren Stamm = Verwandten im angränzenden Asien gewohnt, aber ziemlich früh schon den Gang genommen, welchen viel später die Sarmaten, zum Verderben der Scythischen Nation, nahmen.

4) Die Sarmatisch = Lettischen Völker.

Auch die Abkunft der Letten hat Gatterer zuerst ins Licht gesetzt [2]. Er zeigt, daß sie Nachkommen der Sarmaten, und also aus Asien gekommen sind.

5) Die Tatarischen Türken. Sie sind bekanntlich Asischen Ursprungs.

6) Die Nachkommen der Griechen und Römer.

Die letztern, eine Griechische Kolonie, stammten insgesammt, und die Griechen größtentheils, aus dem westlichen Asien.

[1] Kritische Einleitung in die Geschichte des Skandinavischen Nordens. S. 31-39, u. S. 25-31.

[2] Disquisitio, an Prussorum, Lituanorum, ceterorumque populorum Letticorum originem a Sarmatis liceat repetere.

Da es also von zweyen der angeführten Nationen sehr wahrscheinlich, von den übrigen histo-
risch erwiesen ist, daß sie aus Asien herübergekom-
men sind; da sie alle im Osten der Kelto-Germanen wohnen, und daher, wenn auch die letztern gleichfalls aus Asien herstammen, doch später, als diese, nach Europa übergegangen seyn
müssen: so scheint es mir nicht unschicklich, alle
heutige Europäer — (doch mit Ausnahme der
kleinen Völkerschaften an den Pyrenäen, welche
die Baskische Sprache sprechen) — unter den
bewußten Benennungen in zwei Haupt-Abthei-
lungen zu sondern.

Was die neuern Europäer betrifft, so ist
von denselben, ausser dem gegebenen allgemeinen
Abrisse, weiter nichts zu meinem Zwecke erforder-
lich. Ueber die Ur-Europäer hier nur folgende
Bemerkungen. Wenn es mir glückte, die Stamm-
Verwandtschaft der Germanen und Kelten wahrscheinlich zu machen, so wäre eben dadurch der
Gedanke begründet: daß dieser große Volksstamm
der älteste in Europa sey, und den vorgeschlage-
nen Namen verdiene. Denn wann die übrigen
sechs Haupt-Nationen von Europa, in diesen
Erdtheil eingewandert seyn müssen, läßt sich un-

gefähr ausmitteln; die Niederlassung der Kelto-
Germanen aber ist für die zuverlässige Geschichte schlechterdings unerreichbar, sowohl in Ansehung der Zeit als des Weges. Die gemeine
Meinung: daß die Keltische Nation vom Kaukasus
über das schwarze Meer, längs der Donau, bis
nach Spanien gewandert sey, und sich nach allen
Richtungen verbreitet habe [1]), ist eine Hypothese
von großer Unwahrscheinlichkeit, gegründet auf
eine willkührlich angenommene Verbreitung des
Menschengeschlechts, bei welcher die Traditionen
von einem Paradiese, einem ersten Menschen-
Paare, einer allgemeinen Ueberschwemmung ꝛc.
als Facta vorausgesetzt werden [2]). Es findet sich
bei einigen Griechischen Geschichtschreibern [3]) folgende Nachricht: nach Spanien kamen die Kelten

---

[1]) Rüdiger, Schreiben an Nikolai, über die
Völkerschaften und Celtischen Namen in Deutsch-
land. Halle 1797. S. 13. 23. 34. Mannert's
Geographie der Griechen und Römer, Th. 2,
Heft 1, S. 20.

[2]) Rüdiger, a. a. O. S. 15. 21.

[3]) Diodor. Sic. l. V. Ed. Wesseling, T. I. p. 356.
— Appian, de rebus Hispanicis, II. T. I. p.
102. 103. — Strabo III, p. 238.

einſt über die Pyrenäen; führten mit den Iberen
lange Kriege; und verbanden ſich endlich mit den-
ſelben zu Einem Volke, unter dem Namen Kelt-
-Iberen. Dieſe Nachricht iſt mir nicht entgegen.
Ich hoffe, an dem Namen der Iberen zu zei-
-gen, daß er ſo gut, wie der, der Kelten, in derjenigen Sprache einheimiſch iſt, welche ich, von den
beiden Haupt-Zweigen des Ur-Europäiſchen Volks-
ſtamms, die Keltiſch-Germaniſche nenne; daß
alſo Kelten und Iberen Stamm-Verwandte waren.

Ich halte mich hierbei nicht weiter auf; ſondern
berufe mich auf die Ausführung des Satzes A.
Mit demſelben wird der Satz C ſtehn oder fallen.

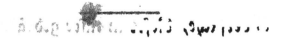

II.

Ueberſicht der heutigen Keltiſch-Germäni-
ſchen Völker, in Hinſicht auf die Sprachen derſelben.

Wenn in den ältern und mittlern Zeiten Völker
von fremden Stämmen (Phönicier und Karthager,
Griechen und Römer, Araber) in dem Kelten-

lande jenseit des Rheins mit gelebt haben: so woh=
nen jetzt daselbst im Ganzen (mit Ausnahme der
Juden, und der kleinen Völkerschaften, welche
die Baskische Sprache sprechen) blos wieder Völ=
ker vom Keltisch = Germanischen Stamme. Mit
diesen selbst aber sind große Veränderungen vor=
gegangen. Der Germanische Theil des großen
Herodotschen Keltenlandes ist viel kleiner gewor=
den. Mehrere Germanische Völkerschaften haben
sich unter ihren Stamm = Verwandten im westli=
chen und südwestlichen Europa niedergelassen, und
sie zum Theil verdrängt; wodurch die Völkersitze
in diesem Theile von Europa sehr verschoben wor=
den sind.

Ich versuche, dieses in einer gedrängten Ueber=
sicht zu zeigen.

1) **Kelten.**

a) **Reine Kelten: die Irelänber und**
Hoch=Schottländer.

Ob ich gleich das Irisch = Hochschottische für
einen Dialekt der Keltisch = Germanischen Sprache
halte; so wird doch keiner, der bis hierher auf=
merksam gelesen, und meine Meinung in Anse=
hung der Kelten und Germanen gefaßt hat, arg=
wähnen, daß ich hierin der seltsamen Behauptung

des Irelánders, Vallancey, beistimme. Dieser
meint zwar, die Irische Sprache sey die alte Keltische [1]; bringt sie aber mit der Karthagischen
oder Punischen in nahe Verwandtschaft; hält sie
also für die Sprache der Phönicier, und andrer
alten West-Asischen Völker [2]. Seine Gründe
wird kein behutsamer Sprach-und Geschichtforscher gelten lassen. Was er von dem Verkehre
der Phönicier mit den Irelándern anführt, wird
durch kein gültiges historisches Datum unterstützt.
Denn die angeblichen Irelándischen Urkunden,
auf die er sich beruft, stehn in gleichem Ansehn
mit der Edda der Isländer. Eben so wenig rich-
tet er mit der Bemühung aus, zu zeigen, daß die
bekannte Punische Stelle im Pönulus des Plautus rein Irelándisch sey. (Rudbek, in dem be-
rüchtigten Atlantik, fand sie als Alt-Schwedisch).
Man weiß nicht ein Mahl, wie das Punische
von Plautus Hand ausgesehn hat, da die Stelle

[1] A Grammar of the Iberno - Celtic or Irish
language. With an Essay on the Celtic language. By Charles Vallancey. Dublin 1782.

[2] An Essay on the Antiquity of the Irish language; being a Collation of the Irish with the
Punic languages. Dublin 1772.

von den verschiedenen Herausgebern des Autors
für verderbt gehalten; und von jedem, seiner Hy=
pothese gemäß, verändert worden ist.) Bei dieser
Ungewißheit in Ansehung der ursprünglichen Be=
schaffenheit der Stelle; bei dem willkührlichen und
gewaltsamen Verfahren, das sich Vallancey zu
Gunsten seiner Hypothese erlaubt; und bei der
völligen Unbekanntschaft desselben mit der Phöni=
cischen Sprache ¹): wer könnte sich von diesem
Schriftsteller verleiten lassen, seiner Meinung bei=
zupflichten? Es ist ihm nicht genug, im Punischen
oft Buchstaben, wohl gar Wörter, auszulassen;
Buchstaben einzuschieben; zwei Wörter in Eins zu=
sammen zu ziehn; andere zu trennen, und zwey
daraus zu machen; — er thut auch, um Aehn=
lichkeit zu erzwingen, der Ireländischen Sprache
Gewalt an, und beruft sich auf alte Irische Hand=
schriften, wo die gewaltsam veränderten Wörter
so geschrieben stehn, oder die angedichtete Bedeu=
tung haben sollen.

Freilich ist die Abweichung der Irischen
Sprache nicht blos von allen Germanischen, son=
dern selbst von den Keltischen Mundarten, sehr
stark;

¹) Michaelis Orientalische Bibliothek, B. VI.

ſtark; es ſcheint gar keine Verwandtſchaft Stätt
zu haben. Aber man erwäge, daß die Jreländer
bis zu der Verbindung mit England, in ſehr ge=
ringer Gemeinſchaft mit dem übrigen Europa ge=
ſtanden haben. Während die übrigen Zweige des
Keltiſch=Germaniſchen Volksſtammes auf vielfa=
chen Wegen ihre Sprache ausbildeten, blieben
die iſolirten Jreländer entweder ſtehn, oder ver=
änderten die ihrige auf eine ganz eigene Weiſe,
angemeſſen der entfernten, abgeſonderten Lage des
Eylandes. Eben ſo verhält es ſich mit den Hoch=
Schottländern. (Mehreres von dieſen ſ. z. b.)
Wenn der heutige Engländer und Deutſche ſchon
Mühe haben, die Sprache des Ulphilas zu ver=
ſtehn: wie viel ſchwerer muß für beide die Jriſch=
Hochſchottiſche Sprache ſeyn, bei welcher durch
Umſtände der Zeit und des Orts eine viel größere
Abweichung von allen Keltiſch=Germaniſchen Dia=
lekten bewirkt worden iſt! Dennoch finden ſich in
derſelben, ungeachtet dieſer Abweichung, noch
verſchiedene Keltiſch=Germaniſche Wörter, die ge=
wiß nicht in die Sprache aufgenommen, ſondern,
als größten Theils charakteriſtiſche Wörter, darin
einheimiſch ſind; z. B. Athair (Möſo=Gothiſch
Atta) Vater; Mathair, Mutter; Brathair,

B

Bruder; Bar und Mac, Sohn; Coin (Quen,[1]) Chen,[2]), das Englische Queen), Frau; Mac-Coinne, Sohnes Frau, Schwiegertochter; Coin-Athair, Frauen Vater, Schwiegervater; Maidhean, Mädchen; Righ, Fürst; Lagh, Gesetz; Rum, der Raum; Run, Geheimniß; Ubhal, Apfel; Balla, der Wall; Albard', die Hallbarde [3]).

b) Germanische Kelten: die Niederländer und Schweizer.

Sie wurden von den Alten zu den Kelten gerechnet; sprechen aber jetzt den Germanischen Dialekt der Ur-Europäischen Sprache. Germanische Ansiedler in Helvetien sind die Burgunden, Alemannen und Franken.

c) Römische Kelten: die Bewohner des größern Theils vom nördlichen Italien.

Die frühsten Vorfahren derselben waren bekanntlich Kelten oder Gallen; vielleicht selbst die Stifter des Venetianischen Staats nicht ausge-

[1] Otfried I. 4. 99.
[2] Notker, Pf. 40. 4.
[3] Nach Shaw's Galic and English Dictionary.

nommen. Denn die Veneten, besser Heneten, aus dem Belgischen Gallien gebürtig¹), sind die vermuthlichen Stammväter oder gleichnamigen Völkerschaft am Adriatischen Meere²). — Da aber diese Nord-Italischen Kelten die Römische Sprache angenommen haben, so müssen sie Römische Kelten genannt werden.

2) Germanen.

a) Reine Germanen: die Deutschen und Skandinavier.

Der Ausdruck rein ist jedoch, (in Beziehung auf die Sprache) mit einiger Einschränkung, und in Vergleichung mit den übrigen Germanen, zu verstehn. Denn ganz rein, ohne alle Vermischung mit fremden Wörtern, ist, in Europa, wohl keine Sprache mehr. Die Germanischen Sprachen, besonders die Deutsche, haben sich in sehr vielen Stücken nach der Römischen gebildet. Daß die Deutschen, Schweden, Dänen, Holländer und Engländer mit gewissen Begriffen, die sie von den Römern erhielten, z. B. Fenster, Wein, Schleuse, (ecluse, exclusa) ꝛc. zugleich das

¹) Strabo, IV. p. 297.
²) Idem, V. p. 325, vergl. VII. p. 462.

Wort angenommen haben, ist nicht zu verwundern. Aber auch ursprüngliche und charakteristische
Wörter ihrer Sprache haben sie verlassen, und
Römische dafür angenommen; desgleichen Germanische Wörter Römisch geformt. Dahin rechne
ich, ausser einigen Artikeln, verschiedenen Zahl-
wörtern, und dem Hülfs-Zeitworte haben,
besonders folgende Wörter des täglichen Lebens:
Vater, pater; das abgekommene Altgermani-
sche Wort ist Atta [1]. Wahrscheinlich gebrauch-
ten zuerst diejenigen Germanen, welche fein und
gebildet seyn wollten, das Römische Vater;
etwa so wie wir jetzt das Französische Cousin,
Statt des Deutschen Vetter, angenommen haben. Jetzt ist das Wort Atta, in der Bedeutung
Vater, aus den Germanischen Sprachen verdrängt; aber in der Irisch-Hochschottischen, und
in der Kymrisch-Walesisch-Armorikanischen ist es
geblieben; in jener heißt es Ata [2], in dieser
Tät [3]. Die erste Bedeutung von Atta oder

---

[1] Junius, p. 70.

[2] Chamberlayn, Oratio Dominica, in diver-
sas omnium fere gentium linguas versa. Amstelod. 1715. 4. p. 48. 49.

[3] Ibid. p. 39. 51. 52.

Tata, scheint, nicht Vater, sondern überhaupt
Geschlecht, gewesen zu seyn; daher heißt Atta
noch jetzt im Schwedischen, Dänischen und Isländischen Geschlecht, Familie. — Ferner:
Kopf, caput; Insel, insula (vormahls Ey);
Fluß, fluvius; Ohr, auris (vormahls Auso [1]);
Nase, nasus; Wulfs (Wolf), vulpes; Natur,
natura; Sinn, sensus; Joch, jugum; Mauer,
murus; Meister, magister; Acker, ager; ma-
ger, macer; ich koste, gusto; Getümmel, tu-
multus; Angst, angustia; wann, quando;
oder (autar), aut.

Daß man in der Germanischen, besonders
der Deutschen, Sprache verschiedene Wörter Römisch geformt, namentlich in den Conjugationen
sich an die Lateinische Sprache angeschmiegt hat,
rührt von den Geistlichen des Mittel-Alters her,
den Einzigen, die damahls schrieben; und die,
des Lateinischen mächtiger, als des Deutschen,
sich dadurch in dem Letztern zu helfen suchten, daß
sie demselben ein Lateinisches Gepräge gaben.
Bei Otfried, Notker, in den Minnesängern ꝛc.
finden sich davon viele Beispiele. Ich führe nur
einige wenige an, die mir sogleich auffallen:

[1] Junius, p. 76.

blasit, er bläßt[1]); thunkit, dünkt[2]); wilit, will[3]); eremes, wir ehren [4]); lopemes und lobomes, wir loben [5]); pittemes, wir bitten [6]); forahärent, sie verherrlichen[7]).

  b) Keltische Germanen: die Kam⸗ bro⸗ (Kimbro⸗) Walesen, und die Armorikanen oder Nieder⸗Bre⸗ tagner.

Herr Mannert trägt von den Kimbern die Hypothese vor, daß es niemahls im nördlichen Deutschlande ein Volk dieses Namens gegeben habe [8]). Mich nöthigt eine Prüfung und Ver⸗

1) Otfried II. 12. p. 128.

2) Ibid.

3, 4) Symbolum Athanasianum, francice, ex saec. IX. ap. *Michaeler*, Tabulae parallelae antiquissimarum Teutonicae linguae dialecto- rum, cet. Monimenta vet. linguae Teutonicae, P. 199.

5) Hymnus Ambrosianus, lingua franco - theo- tisc. ap. *Michaeler*, l. c. p. 254. 256. — ap. *Hickes*, gramm. franc. theot. p. 64. 65.

6) Ibid. p. 256.

7) Ibid. p. 254.

8) Geographie der Griechen und Römer, III. S. 32. 315.

gleichung aller Stellen, welche diese Völkerschaft
betreffen, so wie einiger andern historischen Umstände, ihr ehemaliges Daseyn daselbst anzunehmen.

Der frühefte Wohnsitz dieses Germanischen
Volkes war im Norden der Elbe, also in S ch l e s-
w i g u n d H o l s t e i n. Dies sagt, ausser Mela [1],
der wichtige Alterthumsforscher Ptolemäus [2],
der bei seiner Geographie die älteften, leider verlohren gegangenen Griechischen Schriften benutzte.
Etwas muß an der Nachricht wahr seyn, daß
(über hundert Jahre vor Chr. G.) eine große Ueberschwemmung die meisten Kimbern genöthigt
habe, ihre Heimath zu verlassen [3]. Strabo
spricht zwar in einer Stelle zweifelhaft davon [4];
scheint aber in einer andern den Vorfall als ausgemacht anzunehmen [5]. Die flüchtenden Kimbern wandten sich südwärts, und ließen sich z w i-
s ch e n d e r E l b e u n d d e m R h e i n e, also in
den Herzogthümern Bremen und Oldenburg, in

[1] III. 3.
[2] II. 11.
[3] Florus III. 3.
[4] VII. p. 449.
[5] II. p. 161.

Oſtfriesland, und einigen andern Gegenden von
Weſtphalen, nieder. Dieſer ganze Strich Landes iſt es auch, auf welchen die Angaben Strabo's [1]) und Tacitus [2]) von den Sitzen der da-
mahligen Kimbern genau paſſen. Sie drängen
allmählig weiter nach Südweſten, bis nach Bel-
g i e n; und viele gingen von da aus ſogar nach
England über. Hier lebten dieſe letztern zwar in
einer ziemlichen Entfernung von ihrem alten Va-
terlande Schleswig und Hölſtein; aber das An-
denken daran pflanzte ſich Jahrhunderte lang fort.

Die bisherigen Bewohner der beiden großen
Weſt-Europäiſchen Inseln A l b i o n und J e r n a,
waren ſämmtlich von dem weſtlichen Haupt-Zweige
des Ur-Europäiſchen Völksſtammes, den man
den Keltiſchen nennen kann. Die Einwohner von
Jerna oder Ireland blieben ungeſtört; die von
Albion aber wurden von den ankommenden Kimbern größten Theils in den nördlichen, gebirgigen
Theil der Inſel, zu ihren nächſten Stamm-Ver-
wandten, verdrängt. Daſelbſt haben ſie ſich und
ihre alte Mundart erhalten; noch jetzt iſt die Hochſchottiſche Sprache von der Ireländiſchen wenig

1) VII. p. 451.
2) German. c. 37.

verschieden. Wenn auch die Jreländer und Hoch-
Schottländer ihre Sprache nicht selbst die Gäli-
sche oder Keltische nennen sollten, so wäre es doch
nicht unschicklich, ihr diesen Namen beizulegen.
Von den neuen Ansiedlern, den Germanischen
Kimbern, behielt nur ein Theil diesen alten
Stamm-Namen bei; davon scheint die Benennung der Grafschaft Cumberland her zu kommen. Die Verschiedenheit der Gegenden Eng-
lands, in denen sie sich niederließen, gab zu verschiednen Namen der einzelnen Stämme Anlaß.
Diejenigen, welche die östlichen Küsten behaupteten, belegten diesen Distrikt mit dem Namen
Brittan, dessen Erläuterung unten vorkommen
wird. Von diesen Keltisch-Germanisch-
Kimbrischen Brittanen, und ihrer Niederlassung in England, hatte Cäsar gehört. Er sagt
von ihnen ausdrücklich, daß sie aus Belgien
gekommen sind [1]; auch fand er, daß sie in
Lebensart und Sitten den Kelto-Gallen gli-
chen [2]. Ihnen verdankten die letztern die Druy-
den Wissenschaft [3]; — das soll wohl heissen; man

[1] De bello Gall. V. 12., vergl. II. 4.

[2] Ibid. c. 14.

[3] L. VI. c. 13.

lernte zuerst durch diese neuen Küstenbewohner
eine gewisse systematische, wissenschaftliche Be-
handlung der Dinge kennen, welche ein Priester
wissen musste. Wenn daher ein Galle dieselben
gründlich erlernen wollte, so reisete er nach Brittan hinüber [1].

Lange behaupteten sich die Brittanen nicht im
Besitze ihres neuen Landes; sie wurden bald von
den Römern unterjocht. Diese trugen den Namen des Küstenlandes auf die ganze Insel über,
und nannten dieselbe Brittania. Es ist nämlich
ein Irrthum, wenn man glaubt, schon Aristoteles habe den Namen Brittanien gekannt und
gebraucht; denn das Werk: de mundo, worin
er vorkömmt [2], ist nicht von diesem Gelehrten,
sondern von einem viel spätern Schriftsteller [3].
Unter der Herrschaft der Römer waren die
Bewohner Brittaniens sanfter geworden, und
hatten ihr kriegerisches Wesen zum Theil abgelegt.
Dies machten sich die Nachkommen jener, nach
Norden verdrängten Keltischen Urbewohner zu
Nutze, als die Römer die Behauptung der Insel

[1] ibid.
[2] C. 3. Ed. Kapp. Altenburgi, 1792. p. 77.
[3] Ibid. Excursus I. p. 353 seqq.

aufgaben, und die Kimbro-Germanischen Bewohner nun blos gestellt waren. Sie drangen
nach Süden herab, und wollten die Wohnsitze
ihrer Väter wieder einnehmen. Die bedrängten
Einwohner nahmen ihre Zuflucht zu ihren zurück
gebliebenen streitbaren Verwandten in Schleswig
und Holstein. Auf ihre Einladung kam im Jahre
449 nach Chr. G. ein kleines Sächsisches Heer,
von Hengst und Horst angeführt, nach Brittanien.
Diesem folgten bald mehrere Volkshaufen aus
Niedersachsen; aber nicht als Helfer und Vertheidiger, sondern als eroberungslustige Abenteurer.
In Kurzem hatten nicht blos die eigentlichen Brittanen oder Küstenbewohner, sondern auch die übrigen Kimbro-Germanen im innern Lande, dasselbe
Schicksal, welches ihre Vorfahren den Keltischen
Urbewohnern der Insel zugefügt hatten; sie wurden verdrängt. Die Küstenbewohner flüchteten
nach dem gegen über liegenden Armorika; die
Bewohner des Binnenlandes zogen sich nach Süd-
westen in das Gebirge *). Die erstern nannten
die neue Heimath, nach ihrer vorigen, Brittanien, Bretagne; die Nachkommen der letztern
im Fürstenthume Wales nennen sich noch jetzt

*) Cambden, Brittania, p. 46.

Kymren oder Kumren, und das Fürstenthum
selbst heisst Cambria. Die Sprach-Verwändt-
schaft der Waleser und Nieder-Bretagner wird
von jedem Sprachforscher zugegeben. Beide Völkerschaften gehören, zufolge der obigen historischen
Auseinandersetzung, zu dem Germanischen
Zweige des Ur-Europäischen Volksstammes; ich
nenne sie aber Keltische Germanen, weil sie,
wegen ihres langen Aufenthaltes unter Keltischen
Völkern, vieles von der Mundart derselben angenommen haben. Selbst der sachkundige Bütt-
ner giebt zu, daß die Irisch-Hochschottische
Sprache in vielen Stücken mit der Kimbro-Wa-
lesisch-Bretagnischen übereinkomme.

c) Römische Germanen: die Engländer und Süd-Schottländer.

Sie sind die Nachkommen jener, aus Schleswig und Niedersachsen übergegangenen Saxen;
also Germanen; haben aber so viele Römische
Wörter in ihre Sprache aufgenommen, daß sie
Römische Germanen genannt werden können.

d) Germanische Römer: die Spanier, Portugiesen und Franzosen.

Da die Sprache der Hauptgesichtspunkt ist,
aus dem ich die Völkerschaften in dieser Uebersicht

betrachte; die drei genannten Nationen aber,
obgleich Germanischer Abkunft, doch gänzlich die
Römische Sprache angenommen haben: so scheint
mir kein andrer Name für sie passend. Die bei=
den erstern haben das Lateinische am wenigsten,
die letztern am meisten, und oft so verändert, daß
man das Lateinische Wort kaum wieder erkennt.
Im Französischen ist aber in verschiedenen Fällen
die Natur und der Genius der Deutschen Sprache
beibehalten worden; es haben sich auch mehrere
Fränkische Wörter erhalten, die mit jetzigen Deut=
schen ziemlich übereinkommen. Hier ist eine Samm=
lung der vorzüglichsten; mit Weglassung derer,
welche aus dem Lateinischen sowohl in das Deut=
sche, als in das Französische, übergegangen sind.
Aviser, anweisen, benachrichtigen. Au=
berge, Herberge. Banc, Bank. Bierre, Bier.
Bouc, Bock. Bourg, Burg. Chasser, jagen.
Chou, Kohl. Cloche, Klocke. Craquelin,
Kringel, Bräzel. Ecaille, Schale. Eperon,
Sporn. Foule, von Voll. Fourage, Futter.
Garder, warten, bewachen. Gazon, Wasen,
Rasen. Guarant, Garant, Gewährsmann,
vom alten Waren d. i. Sicherheit leisten [1]);

[1] Wachter, p. 1826.

davon die im Mittel-Alter üblichen Lateinischen Wörter Warantus und Warandia [1]. — Guirlande, von Gürten. Hameau, von Ham, Heim. Hardi, herzig, herzhaft. Harnois, Harnisch. Hâte, Haft. Havre, Haven. Haye, Hayn, Hägen. Jardin, Garten. Laisser, lassen. Mâle, männlich. Maint, mancher. Manquer, mangeln. Mânteau, Mantel. Marquer, merken. Mignon, von Minne, Liebe. Place, Platz. Rang, Rang. Rotir, rösten. Rouler, rollen. Ruisseler, rieseln. Tater, tasten. Tetton, Titt, Zitz.

Ich kann hier die räthselhafte Sprache nicht unerwähnt lassen, welche zu beiden Seiten der westlichen Hälfte der Pyrenäen gesprochen wird. Sie heißt bei den Spaniern und Franzosen die Baskische; bei den erstern auch die Bascoische. Von dem vorzüglichsten Dialekte, der in Biscaya gesprochen wird, nennt man sie bisweilen die Biscayische. Was es für eine Sprache sey, ist schwer zu entdecken. Eine Keltisch-Germanische Sprache ist sie gewiß nicht; denn daß in dem sogenannten Kantabrischen Vater Unser die Alt-Germanischen Worte Gure Aita

<hr>

[1] Du Cange, p. 1389. 1390.

vorkommen[11]), beweiset nichts; es finden sich auch Lateinische darin, z. B. Sanctifica. — Die Aenlichkeit, welche Bowles in der Lebensart und den Sitten der Biscayer, und denen der Irelander, findet [2], und die ihm den angeblich gemeinschaftlichen Ursprung beider Nationen glaublich macht, ist, als etwas Zufälliges, auch nicht hinlänglich, den letztern zu beweisen. Daß die Baskische Sprache von derjenigen abstamme, welche vor Alters die Kantabern gesprochen haben, scheint mir unrichtig; es läßt sich für diese Hypothese nichts, als der Umstand anführen, daß die Völkerschaften, welche Baskisch sprechen, in derselben Gegend wohnen, in welche die Kantabern gesetzt werden. Da die Baskische Sprache keine Keltisch-Germanische ist, so kann sie auch nicht von der Sprache der Kantabern abgeleitet werden; denn diese letztern gehörten zum Keltisch-Germanischen Volksstamme; selbst der Name Kant-

---

[11] Chamberlayn, p. 43. 44.

2) Introduction à l'histoire naturelle et à la Géographie physique de l'Espagne; traduite de l'Original Espagnol de *Guillaume Bowles,* par le Vicomte de Flavigny. A Paris, 1776, p. 306. 307.

abern ist Kelto-Germanisch, wie ich weiter unten,
im Zusammenhange, zu zeigen, versuchen will.
Durch den Enthusiasmus des Paters Larramendi
wird sich wohl Niemand irre führen lassen. — Dieser heftige Vertheidiger der Baskischen Sprache
behauptet unter andern, daß dieselbe von der
Sprache der alten Kantabern abstamme, und vor
Alters in ganz Spanien gesprochen worden sey ¹).
Er begründet aber diese Behauptung weder durch
etymologische, noch durch historische Data. Daß
er für letztere gar keinen Sinn hat, zeigt er durch
das Geschwätz von dem ehemahligen unmittelbaren
Einflusse Gottes auf die Baskische Sprache ²).
Gebirge sind oft die Zuflucht verfolgter oder
besiegter Völkerschaften. Da findet man nicht
selten heterogene Volksreste. Vielleicht sind die

Ein-

---

¹) La antiguedad y universalidad del Bascuenc e
en España; cet. Su Autor M. d. L. (Manuel
de Larramendi). En Salamanca, 1728. 8. —
Vorbericht zum: Diccionario trilingue del
Castellano, Bascuence y Latin. En San-Se-
bastian, 1745. Fol. p. 57 seqq.

²) Vorrede zur Baskischen Grammatik, die den Titel
führt: El Impossible vencido. Arte de la Len-
gua Bascongada. En Salamanca, 1729. 8.

Einwohner von Ober-Navarra, Biscaya, Gui-
puzcoa und Alava, und, auf Französischer Seite,
die Basken in Nieder-Navarra, Soule und La-
bour, Nachkommen irgend eines Afrikanischen
oder Asischen Volks, das einst in der Gegend der
Pyrenäen Landungen gewagt hat, aber in das
Gebirge verdrängt worden ist.

III.

Versuch, die ursprüngliche Verwandtschaft der Germanischen und Keltischen Spra- chen darzuthun.

I.

Vorläufige Bemerkungen.

Wenn Cäsar behauptet, daß die Sprachen der
Belgen, Aquitanen und Kelto-Gallen verschieden
seyen [1]; so rührt dieses wohl daher, weil er der
Keltisch-Germanischen Sprache nicht kundig ge-
nug war, um zu finden, daß die genannten drei
Völkerschaften blos verschiedene, stark abweichende,

[1] De bello gall. I. 1.

C

Dialekte sprachen. Die Verwandtschaft der Deut=
schen, Schwedischen und Englischen Sprache wird
für jeden schwer zu entdecken seyn, der keine da=
von gut versteht. Die vermeintliche Verschieden=
heit der Sprachen ist der Hauptgrund, auf den
sich die Schriftsteller stützen, welche die Verwandt=
schaft der Kelten und Germanen bestreiten. Rü=
diger [1]) unterscheidet ausdrücklich beide Völker
und Sprachen, und will keine Ableitung Deut=
scher Namen aus dem Keltischen gelten lassen.
Mannert findet ebenfalls keine Aehnlichkeit zwi=
schen den Sprachen beider Völker, und sagt un=
ter andern [2]): „den (Keltischen) Namen Bojorix
wird man doch wohl nicht Deutsch nennen.“ Ich
hoffe aber weiter unten zu zeigen, daß gerade die=
ser Name echt Germanisch ist. Zu Gunsten der
Meinung, daß Kelten und Germanen zwey ver=
schiedene Völkerstämme seyen, beruft man sich
überdies auf die Verschiedenheit ihrer körperlichen
Beschaffenheit, ihrer Verfassung, Sitten und Le=
bensart; so wie auf die gegenseitige Feindschaft
mancher Keltisch=Germanischen Völker [3]). Mir

[1]) Schreiben an Hrn. Nikolai 2c.
[2]) Geographie der Griechen und Römer, III. S. 34.
[3]) Daselbst, S. 42 ff.

scheinen aber diese Umstände nichts zu beweisen.
Je mehr sich die Zweige eines großen Volksstammes ausbreiten; je verschiedener sowohl der Gang
ihrer Schicksale, als die gesammte Beschaffenheit
der Länder ist, in denen sie sich niederlassen: desto
mehr weichen sie in Sitten, Lebensart, Religion,
Verfassung und Mundarten von einander ab;
desto unkenntlicher werden die Spuren der gemeinschaftlichen Abkunft. Die genannten Umstände
(Sitten, Lebensart ꝛc.) machen zwar keinen wesentlichen Unterschied unter den Menschen; sie sind
aber von jeher eine Hauptquelle des Hasses und
der Feindseligkeiten unter den Völkern gewesen.
Noch jetzt sind die Beispiele nicht selten, daß
zwischen Nationen, welche gebildet seyn wollen,
und deren Stamm=Verwandtschaft bekannt genug ist, eine gegenseitige Abneigung, ein gewisser
Nationalhaß, Statt findet.

Noch erwähne ich kürzlich die Meinung, die
Herr Friedrich Nikolai von den Kelten vorgetra-
gen hat ꝛ). Sie ist im Wesentlichen diese: „Die
Kelten und Kimbern sollen keine eigentliche Völkerschaften, sondern in einem großen Theile des
ältesten Europa den Wehrstand, oder die Krieger=

ꝛ) Beilage zum XI. B. seiner Reisebeschreibung.

Caste, gewesen, und, diesem Berufe zufolge,
beständig umhergezogen seyn." — Sinnreich ist
diese Meinung gewiß. Sie beruht aber blos auf
einer angeblichen Bedeutung der Wörter Kelt
und Kimber; beide sollen, einigen Keltischen
Wörterbüchern zufolge, Krieger bedeuten. Man
darf sich aber auf keins der sogenannten Keltischen
Wörterbücher verlassen; denn die Verfasser derselben haben Theils keinen bestimmten Begriff von
der Sprache und Nation der Kelten gehabt; Theils
haben sie einander ausgeschrieben, und Alles un-
geprüft zusammengetragen, ohne irgend eine
Stelle anführen zu können, deren Zusammenhang
diese oder jene Uebersetzung gewisser streitigen,
aber in historischer Hinsicht sehr wichtigen, Wörter, rechtfertigte.

III. 2.

Einige Winke, die sich, in Beziehung auf die
Sprach = Verwandtschaft der Kelten und Ger-
manen, bei den Griechischen und Römischen
Schriftstellern finden.

Da ich für die bewußte, in der gegenwärtigen
Schrift ausgeführte, Meinung, die vorzüglichsten

Gründe aus den eigenen Namen der Kelto-
Germanen hernehme: so berühre ich nur kurz
einige Nachrichten der Griechen und Römer, die
die Sprachen-Verwandtschaft der Kelten und Germanen nicht undeutlich zu erkennen geben.

Pausanias [1] berichtet: Marra (nicht Marka)
bedeute in der Sprache der Galaten ein Pferd;
davon heiße ein gewisses Verfahren der Reiterei
in Schlachten, wobei immer drei Reiter zu-
sammen gehörten, Tri - marrisia, nach der Leseart einer Moskwa'schen Handschrift [2]); nach einer
andern Ausgabe [3] Tri - marria. Das alte Keltisch - Germanische Wort Mar ist hier nicht zu
verkennen. Auch in der Sprache der Kelten
im nördlichen Italien war dasselbe einheimisch. Dies verräth eine Nachricht Aelians, so
fabelhaft sie an sich selbst ist: „der erste Anbauer
„Italiens soll ein gewisser Mär gewesen seyn, vorn
„Mensch, hinten Pferd [4]."

[1] Graeciae descriptio. Ed. Facius. Lips. 1794.
T. III. Phocica. C. 19. p. 214.
[2] Ibid. Note 19, nach Camerarius.
[3] Ed. Joach. Kuhn. Lips. 1696. Fol. l. X. c. 19.
p. 845.
[4] Ed. Conrad Gesner. Tiguri. F. Variae Histo-
riae, l. IX. c. 16. p. 455.

Ein anderes charakteristisches Wort, das unter den Kelto-Gallen im westlichen Europa, wie unter den Germanen im östlichen, am Don, gebräuchlich war, ist: Druid, Dryht, Druht, Drott, mit der Isländischen Endung Drottinn, Druhtinn, Truhtin. Da unter den ältesten Bewohnern des westlichen und östlichen Europa nicht die geringste Gemeinschaft Statt fand: so kann man nicht annehmen, daß eine von beiden Hauptvölkerschaften dieses Wort von der andern angenommen habe; sondern es muß in der Sprache beider einheimisch seyn. Auch die Würde der Druiden im westlichen Europa [1] war mit der Würde der Drotten im östlichen [2], einerley. Es ist bekannt genug, daß die Druiden oder Drotten ihr Ansehn auf gewisse geheime Künste, und auf einen angeblichen genauen Umgang mit der Gottheit gründeten. Aus einer Stelle Snorro's [3] zu schließen, wo Drottir

[1] Caesar de bello gall. VI. 13. 14. — Galic Antiquities, consisting of history of the Druids etc. By John Smith. Edinburgh 1780. 4. p. 12 seqq. 40. 60. 76.

[2] Snorro Sturluson, (Ed. Hafniae 1777. etc.) Ynglinga Saga, c. 2. p. 6.

[3] Ibid. c. 7. p. 11.

durch Zauberkünste erklärt wird, scheint auch
die ursprüngliche Bedeutung von Druid oder
Drott, Zauberer oder Weiser, gewesen zu
seyn. Da aber die Glieder dieses Ordens nicht
nur der Religion vorstanden, sondern auch Civil-
richter waren; so nannte man sie vorzugsweise
die Herren; und es ist also eine spätere Bedeutung von Drott, wenn dasselbe durch Herr
übersetzt wird.[1]).

Wenn der Orden der Druiden oder Drotten
unter den westlichen und den östlichen Völkerschaften des großen Keltisch-Germanischen
Volksstammes vorhanden war: so ist es nicht unwahrscheinlich, daß er auch unter den mittlern
und nördlichen bestand. Doch muß in der
Nähe des Rheins dieser Titel nicht sehr im Gange
gewesen seyn; wodurch Cäsar verleitet worden ist,
den Germanen nicht nur die Druiden, sondern
auch die Opfer, abzusprechen [2]). Tacitus war
hierin besser unterrichtet; er erwähnt Priester unter den Germanen [3]). Freilich ist zu erwarten,

---

[1]) Ibid. c. 12. p. 15. — *Worm*, Lexicon Runicum, p. 27.

[2]) l. VI. c. 21.

[3]) De moribus Germ. c. 7. 10. 11.

daß, wie die Sitten und Mundarten der Keltisch-
Germanischen Völkerschaften von einander abwichen, auch das Amt der Druiden nicht überall
in Nebensachen völlig gleich gewesen seyn wird.
Z. B. die Germanischen Priester zogen mit in den
Krieg [1]; die Gallischen niemahls [2]. Unter
den Germanen, die im nördlichen Deutschlande [3]
und in Schweden wohnten, hatte der Priester-
Orden der Drotten oder Druiden schon in frühen
Zeiten Statt. Als in dem letztern Reiche die Gewohnheit aufhörte, daß der Oberkönig bei festlichen Gelegenheiten selbst das große Opfer verrich-
tete; übernahm der oberste Drott diese Handlung,
und reichte, nach dem allgemeinen Religionsge-
brauche, von dem Opferfleische zu essen, dem Könige feierlich das erste Stück. Dies nahm in der
Folge die Wendung, daß sich unmittelbar an den
Genuß des Opferfleisches das Gastmahl knüpfte;
es ward herkommlich, ja zuletzt ein wesentlicher
Theil der Feyerlichkeiten am Hoflager, daß der
Ober-Drott dem Könige das erste Gericht vorsetzte. Wie man überhaupt, bei der

[1] Ibid. c. 7.
[2] Caesar, d. b. g. l. VI. c. 14.
[3] Vergl. oben II. 2. b.

Annahme des Christenthums, nicht sogleich alle
Gebräuche des alten Cultus fahren ließ; so behiel-
ten die christlichen Könige insbesondere eine Cere-
monie bei, welche vormahls, vermöge ihres Zu-
sammenhanges mit der heiligsten Religionshand-
lung, einen so großen Eindruck gemacht hätte:
sie ließen sich bei festlichen Gastmahlen
das erste Gericht von einem dazu ange-
stellten vornehmen Hofbedienten auftragen. — Und in diesem Hofamte hat
sich, nach dem Untergange der Odin-
schen Religion, allein der Titel Drott
erhalten; er ging mit diesem ehemahligen Geschäfte des obersten Drotten
auf einen Erz-Beamten über. In dem
bekannten Nordischen Hird-Skraa, d. i. Hofrechte [1), wird das Auftragen des ersten Gerichts
auf die Königliche Tafel als das eigentliche und
ursprüngliche Geschäft des Drosten angegeben.
Daher war auch in Schweden der lateinische Titel
des Drosten immer Dapifer; selbst noch im vier-
zehnten Jahrhunderte, als diese Würde längst
mit bürgerlicher Gewalt verbunden, und die

[1) c. 21.

wichtigste im Reiche war [1]). Auch ein Truchses
in Deutschland führt in Lateinischen Schriften den
Namen Dapifer; auch sein Geschäft bestand
eigentlich darin, dem Kaiser ꝛc. das erste Gericht
aufzutragen. Wenn sowohl die Würde, als der
Lateinische Name des Schwedischen Drosten
und des Deutschen Truchses gleich sind: so
führt schon dieses auf die Vermuthung, daß Drost
und Truchses einerley Wort sey. Es läßt sich
aber auch etymologisch darthun. In der Möso-
Gothischen, als derjenigen Germanischen Sprache,
in welcher das älteste schriftliche Denkmahl vorhanden ist, endigen sich viele Substantiva und
Adjektiva mit einen s; z. B. Akrs, der Acker;
Arms, der Arm; Asts, der Ast; Brusts, die
Brust; Gards, die Wohnung; Frigonds,
der Freund; Himins, der Himmel; Munths,
der Mund; Nahts, die Nacht; Reiks, der
Anführer; Staigs, der Steig; Skalks, der
Diener; Taikns, das Zeichen; Winds, der
Wind; Wulfs, der Wolf; Fulls, voll;
Hails, heil; Hrains, rein; Leiks, gleich.

---

[1]) Diarium Vazstenense. Upsaliae 1721. 4. p.
34. — Annales Wisbyenses, in Langebek
Scriptt. 1er. Dan. I. p. 259.

Ich darf also annehmen, daß Weiſer (Künſtler, Prieſter) in der Möſo-Gothiſchen Sprache **Drotts** geheiſſen habe; wobei ich nämlich vorausſetze, daß Snorro Sturluſon unter dem Lande, aus welchem Odin mit zwölf **Drotten** auszog, kein anderes, als das Reich der Oſtgothen am Nieder-Don, verſtanden hat [1]. (Von Odin führt Snorro den Namen **Gauta**, d. i. der Gothe, an [2]); den Don, Tanais, nennt er **Tanaquisl** [3].

Das alte Möſo-Gothiſche Wort **Drotts** hat ſich in Schweden Theils unverändert erhalten, Theils iſt das wenig veränderte **Drotſet** daraus geworden. Unter den Deutſchen aber, die, in viele Völkerſchaften getheilt, auch in den Dialekten von jeher ſtark unter einander abwichen, und auf deren Sprache überdies verſchiedene Ausländer großen Einfluß gehabt haben, hat das Wort mehrfache Veränderungen erfahren. Hier iſt ein Abriß davon; der zugleich zeigen ſoll, wie das jetzt

---

[1] Kritiſche Einleitung in die Geſchichte des Skandinaviſchen Norden's, S. 41 ff.

[2] Saga Hakonargoda C. 33. p. 161.

[3] Ynglinga Saga, C. 1. p. 5. 6.

am meisten gebräuchliche Truchses aus Drotts entstanden seyn kann.

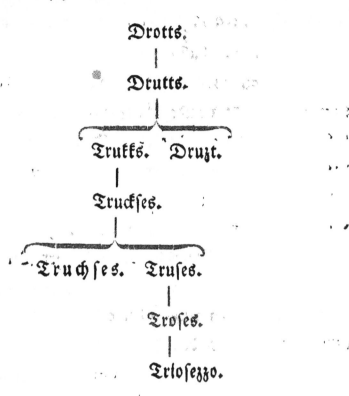

Drotts.

Drutts.

Trutts.   Druzt.

Truckses.

Truchses.   Truses.

Troses.

Triosezzo.

Nach dieser Abschweifung über den Ursprung der Drosten = und Truchses = Würde, lenke ich wieder ein; und führe noch zwei Stellen aus Tacitus an, die einen Wink von der Sprachen = Verwandtschaft der Kelto = Gallen und Germanen enthalten. — „Die Germanischen Aestier, ein Suevischer Zweig, redeten eine Sprache, die der Brittanischen nahe kam [1].“ — „Die

---

[1] De moribus Germ. C. 45.

Brittanen) behaupteten, von den Germanen
abzustammen; ihre Sprache war von der Gallischen nicht sehr verschieden [1])." — Diese Spuren zeigen sowohl an, daß zu Tacitus Zeit selbst
ungeübte Ohren hier und da noch die Verwandtschaft der Keltischen und Germanischen Sprache
wahrnahmen; als auch, daß unter den Brittanen
sich deutliche Nachrichten von ihrer Abkunft erhalten hatten. Vergl. oben, von den Kimbern,
II. 2. b.

III. 3.

Ueber die eigenen Namen in der Keltisch-Germanischen Sprache.

Wie bei allen Völkern, namentlich bei den
Griechen, die ersten und allgemeinsten eigenen
Namen von auffallenden sichtbaren Dingen,
oder von solchen Begriffen und Eigenschaften hergenommen worden sind, welche die Aufmerksamkeit des sinnlichen Menschen am meisten auf sich

[1] Vita Agricolae. Ed. Justus Lipsius. Ant-
werpiae 1600. p. 353: „Similes sunt (Brittani)
Gallis; sermo haud multum diversus."

ziehn; so ist dieses auch bei den Kelto-Germanen
der Fall gewesen. Mehrere Griechische und Keltisch-Germanische Namen entsprechen sich in Ansehung der Bedeutung ganz genau; z. B. Lykus
und Olaf; Agesilaus und Dietrich; Hippokrates
und Waldemar; Diomenes und Gotthart; Krato
und Balde.

Ohne in diesem Versuche alle Keltisch-Germanische eigene Namen umfassen, und meinen
Gegenstand erschöpfen zu wollen, suche ich blos,
eine geordnete Auswahl derjenigen Dinge, von
welchen am häufigsten die Namen der Personen
und Orte hergenommen sind, zu liefern, und sie
mit den bekanntesten Beispielen zu belegen. Aus
diesen, wenn ich so sagen darf, allgemeinen Grund-
sätzen, werden sich die meisten übrigen, hier nicht
vorkommenden, Namen leicht erklären lassen.

Voran eine kurze Uebersicht der Gegen-
stände, welche bei den hier angeführten
Namen zum Grunde liegen.

I. Kriegsgöttin.

II. Krieg.

III. Schlacht.

IV. Sieg.

V. Rüstung:

    1. Streit-Axt.

    2. Wurfspieß.

    3. Schwert.

    4. Degen.

    5. Schild.

    6. Helm.

    7. Panzer.

VI. Anführer.

VII. Herrscher, Befehlshaber.

VIII. Der Erste, Vornehmste.

IX. Heroische Eigenschaften:

    1. Herzhaft.

    2. Schnell.

    3. Schützend, beschirmend.

    4. Stark.

    5. Glücklich.

    6. Wild, heftig.

    7. Edel.

X. Warte, Hochwacht.

XI. Friede.

XII. Volk, Leute.

XIII. Stamm (Tribus).

XIV. Abkömmling.

XV. Hütte, Zelt.

XVI. Eingehägter Inbegriff mehrerer
Wohnungen.

XVII. Thiere:

    1. Wolf.

    2. Bär.

    3. Pferd.

    4. Löwe.

    5. Widder.

    6. Adler.

XVIII. Fluß, Gewässer.

XIX. Bach.

XX. Sumpfrohr, Schilf.

XXI. Insel.

XXII. Waldung.

XXIII. Waldiger Bergrücken.

XXIV. Vermischte Dinge:

    1. Die vermittelnde Gottheit in
     der Odinschen Religion.

    2. Diener.

    3. Stab.

    4. Kessel.

    5. Stein.

    6. Von der Endung aß.

    7. Von der Endung iß.

                            §. 1.

Von den bisweiligen Schicksalen der Buchstaben: H, G, W.

Der Buchstab H ist, seiner Natur nach, für alle Nationen von welchen und trägen Sprach-Organen, einer der schwersten. Welche Anstrengung kostet es z. B. die Franzosen, Italiener, Holländer ꝛc., bis sie dahin gelangen, ihn geläufig und scharf genug auszusprechen! Daher die starken Abweichungen in der Aussprache mancher Namen; Abweichungen, die man für ganz andere Wörter zu halten versucht werden muß, wenn man die letzten, am meisten abgewichenen Gestalten des Worts mit seiner ursprünglichen vergleicht, und die allmählige Entwickelung, die Entstehung der einen aus der andern, nicht kennt.

Ich schicke, in Betreff der genannten drei Buchstaben, besonders des H, einige allgemeine Erfahrungs-Sätze voraus, um mich in vorkommenden Fällen darauf beziehn zu können.

Oft ist man der Schwierigkeit des H dadurch ausgewichen, daß man es g a n z w e g g e l a s s e n h a t. Beispiele davon sind die Namen: Amletus ¹),

---

¹) Saxo Grammat. Ed. Stephan. L. III. p. 49.

D

ſtatt Hamlet; Autbertus, ſtatt Gautbert oder Gothbert; Allbarde, ſtatt Hallbarde. Beſonders auch folgende mit Her, d. i. Krieg, anfangende Namen: Erulen [1]), Erfurt (Herfort), Erman, Erbert, Erbach, Erthal, Erland, Erlund, Erling, Erpold, Erdan (Eridanus).

In vielen andern Namen, wo das H nicht geradezu weggelaſſen worden, hat es wenigſtens ſehr verſchiedne Veränderungen erfahren. Folgendes iſt eine vorläuſige, gleichſam genealogiſche, Darſtellung der ſtufenweiſen Abartung des H, G, und W.

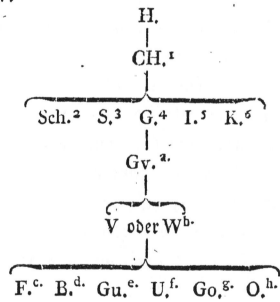

[1]) Jornand. de rebus Geticis, c. 23, in Muratorii Scriptt. rer. Ital. T. I. p. 202. — Procop. de bello Gothico l. 2, C. 14.

1) H in CH ist der erste und gewöhnlichste Uebergang. Als Belege dazu dienen unter andern die Namen Cherbourg, aus Herburg, d. i. Kriegsburg; Chambaud, aus Hambold; Chlodwig, aus Hludwig; Chamfort, aus Hamfort; Chesterfield, aus Hesterfield, d. i. Pferdefeld, vom Schwedischen Häst oder Hest, welches zusammengezogen ist aus Hengst.

2) CH in Sch; als: Schelburn, Helbrunn, Hellbrunn, d. i. Gesundbrunnen [1]); — Scheldon, Helldon, d. i. Klar-Wasser; — Sheridan, Herdan, Eridanus, d. i. Kriegs-Wasser.

3) CH in S; als: Segestus, aus Hengst; Servesta, Zerbst, aus Her-Veste.

4) CH in G; als: Germanen, aus Hermanen, Hermanna, d. i. Kriegsmänner [2]); — Gerbert, Herbert; — Geroldstein,

_____

1) Eduardi Lye Dictionarium Saxonico et Gothico-Latinum. Ed. Owen Manning. Londini, 1772, II. Voll, F. Vocc. Hel et Burn.

2) Snorio Sturlusyni Heims-Kringla; edr Noregs Konunga Sögör. Hafniae 1777-83. F. Harallds Saga ens Haarfagre, c. 6. p. 80,

Heroldstein; — Geldern, Heldern, (Held-
rungen).

a) G wieder in Gv, Gu, oder Gw; als:
guer, guerra, la guerre, ursprünglich
aus Her; — Gvodan [1], aus Gothan,
d. i. der Gothe; — Guerike, aus Ge-
rike; — Guernfried, aus Gernfried;
— Beguelin, aus Wegelin.

b) Gv oder Gw in V oder W; als: Ver-
den, Werden, Verdun, ursprünglich
aus Herdan (Eridanus); — Wodan,
aus Gvodan, Gothan; — Wer und
War (Krieg, Engl.), aus Guer, Her;
— Wäringen, aus Her-Ingen, d. i.
Kriegs-Jünglinge; — Vasco, aus
Guasco, Gascon; — Warnfried aus
Gernfried.

c) W oder V in F; als: Färings-ö, d. i.
Kampf- oder Kriegs-Insel [2]); also ursprünglich aus Herings-ö. — So ist
vermuthlich der Name des kleinen, frucht-

1) Paul Warnefried Diac., de gestis Longobar-
dorum; in Murat. Scr. rer. Ital. T. I. p. 411.
2) Erich Tunelds Geographie des Königreichs
Schweden. Hamburg 1749. 8. S. 54.

baren Diſtrikts der Veerlande bei Hamburg, ſtufenweiſe aus Herlande, d. i.
Kriegelande, entſtanden. Aus Unbekanntſchaft mit der Abſtammung des Worts,
hielt man es für Plattdeutſch, und glaubte,
es im Hochdeutſchen durch Vier-Lande
überſetzen zu müſſen.

d) W in B, und umgekehrt; als: Belg,
aus Walg, Walch; — Barrington,
aus Warington (Herington); — Bienny
(Neu-Griechiſch), aus Wien; — Chambaud, aus Hamwald; — Mirabaud
(Name des Verfaſſers des Systeme de
la nature), aus Marwald; (denn Mir
iſt aus Mar geworden, wie in Wladimir, d. i. Waldemar).

Verel, Verelius, aus Berl, d. i.
Bärchen; — Werlitz, Wörlitz, aus
Berlitz; — Beguelin, aus Wegelin;
— Bulgaren aus Wolga-Iguren; —
Wernek aus Bernek.

e) W in Gu; als: Guido, Wide, Hwide, d. i. Weiße; — Guibert, Guil-
bert, Guilaberti, aus Wilbert; —
Guillaume, Villaume, Wilhelm;

Guischard, aus Weißherz, (s. unten: Hart); — Guard, Warte.

f) W in U; als: Romuald, aus Romwald; — Eduard, aus Edward.

g) W in Go; als: St. Goar, aus St. War (Wer, Guerra, Her).

h) W in O; als: Od-oardo; Grim-oald.

5) CH in I; als: Jervis, aus Herwigs, d. i. Kriegszug; denn Wigs heißt Weg, Straße [1]); — Jersey, Jers-ey, aus Hers-ey, d. i. Kriegs-Insel; — Jennings, aus Hennings; — Jenisch, aus Henisch, Heinisch, Heiniz; — Jedward, aus Hedward.

6) CH in K, und umgekehrt K in CH, ist eine sehr bekannte Veränderung. Bok, Buch. Munk, Mönch ꝛc. Heinken; Wienken; Runken; Wittechind, Wittekind. Kamin, Cheminée; Kohl, Chou.

So scheinen mir auch die Sylben Kil und Kilt aus Hild (s. §. 2.) entstanden zu seyn.

[1]) Junii Glossarium Gothicum. Dordrechti 1665. 4. Pag. 401.

Kiltgang, d. i. der Besuch, den in einigen Gegenden der Schweiz die Jünglinge in der Nacht vom Sonnabend auf den Sonntag bei ihren Mädchen abstatten [1]), hieße also: Gang zur (Kriegs-) Göttinn. Der Name Kilmaine ist wahrscheinlich aus Hildmann, Hilmann) entstanden. Der Fluß Kilmare (Hildmar, Hilmar) in Ireland; die Orte Kilkenny, Kildare, Kilcullen (Hildkulla, wie Fredkulla), Kilbeg (Hildbek), Kilbrid (Hildbert), Kilmarnok und Kilmore, ebendaselbst; die beiden Kilmore in Schottland, und Kildun, auch in Schottland, — haben ebenfalls ihre Namen von Hild.

Die meisten von den angeführten Schicksalen des H hat der Name Herl, d. i. junger Krieger, erfahren:

Herl.

|

Harl.

Earl. Charles. Jarl.

|

Karl.

|

Kerl.

[1]) Meiners Briefe über die Schweiz.

Das Englische Earl ward in der Folge, wie das Skandinavische Jarl, der Name einer Würde.

Von dem aspirirenden H vor den Consonanten R, L, W, und von der Versetzung des H und W.

In den Skandinavischen und Gothischen Dialekten der Keltisch-Germanischen Sprache sind bekanntlich mehrere Wörter, besonders die sich mit R, L und W anfangen, mit einer, durch das H bewirkten, Aspiration ausgesprochen worden. Im Angelsächsischen erhielt sich das vorgesetzte H ziemlich lange; im Englischen ist es in Fällen, wo es vor einem W stand, zwar beibehalten, aber dem W nachgesetzt worden. Im Deutschen hat man es ganz weggelassen, oder, in einigen wenigen Fällen, wo es vor dem R stand, behalten, dafür aber das R verschluckt; z. B. in dem Worte Hremman, hemmen.

Beispiele vom H vor dem R:

Hrafn, Rabe; Hregg, der Regen; Hrein, rein; Hriggur, der Rücken; Hroop, der Ruf.

Beispiele vom H vor dem L:

Hlaß, die Last; Hliod, Lied, Stimme; Hlaup, der Lauf; Hludwig, Ludwig; Hluthar, Luther.

Beispiele vom H vor und nach dem W.

Schwedisch.	Angelsächsisch.	Englisch.	Deutsch.
Hwarf.	Hweorf.	Wharf.	Werft.
Hwal.	Hwäl.	Whale.	Wallfisch.
Hwi.	Hwi.	Why.	Warum.
Hwila.	Hwile.	While.	Weile.
Hwite.	Hwita.	White.	Weiße.

I.

Kriegsgöttinn:

Hild [1]).

§. 2.

Hildburghausen. Hildebrand. Hildegard. Hilmar. Hildegunde. Hildemund. Hildesheim. Hildetand.

[1] *Torfaei* Historia rerum Norvegicarum. T. I. p. 447. seqq. — *Hickes* Thesaurus linguarum veterum septentrionalium. Darin: Grammatica Anglosaxonica et Mösogothica p. 122.

Alfhild, Ulfhild. Brynhild. Clothilde.
Mathilde, Mechthild. Ragnhild. Römhild.

Zufolge der verschiednen Aussprache des H,
gehören hierher auch die Namen: Childebrand,
statt Hildebrand; Chilbert [1]) und Gilbert, statt
Hildbert; Childrich und Chilprich, statt Hildrich.

II.

Krieg.

Dieser vorzüglichste Gegenstand der Aufmerksamkeit aller alten Keltisch-Germanischen Völker
führt die Benennungen Her, Gund, Winn, und
Grim.

1) *Her.* [2])

§. 3.

Herbert. Herborn. Herbrand. Herel. Her-
gar [3]). Herluf. Hermann. Hermund. Herold
(Heriold [4]), Heraud, Harald, Harlobaudes.
Herstall. Herwig. Herthus, eine Kriegsgottheit,

---

1) Eccard Leges Salicae, (1720. F.) p. 139.

2) Snorro, l. c.

3) Adam Brem. Hist. eccl. C. XVI. In Linden-
brogii Scriptt. rer. Germ. sept. p. 6 seqq.

4) Vita Ansgarii, conscripta a Remberto, C. XII.
In Petri Lambecii Origg. Hamb. T. I. p. 56.

welche die alten Germanen verehrten [1]); worunter also nicht die Erde zu verstehn ist.

Haring. Hariulf. Harrison. Harsdorf. Harsleben. Harvey. Harwich. O'Hara.

Warberg. Warburg, Harburg. Warburton. Warmund. Warsing. Warwick. Ingewar. Werl. Werlhof.

2) *Gund* [2]).

§. 4.

Gundar, Günther. Gundebald. Gundemund. Gundlach. Gundling. Gundrich. Guntram.

Adelgunde. Fredegunde. Kunegunde. Burgunden (Bur=gunden).

3) *Winn, Wein* [3]).

§. 5.

Winfried. Winkopp. Winning. Winprecht. Winsbek. Weinhart. Weimar (aus Weinmar). de Vins.

[1] Tacitus, de moribus Germ. C. 40.

[2] Hervarar Saga, Ed. Verelius. Upsaliae, 1672. F. C. XIX. p. 172. 173. — Otfried, l. V. c. II. vers. 18. ap. Schilter, p. 321.

[3] Lye, voc. Winn. — Wachter, Glossarium Germanicum, P. 1909.

Baldwin. Edwin. Folkwin. Berquin, (aus Berkwin). Goswin, (aus Gödewin). Alkwin, Algwin, d. i. vollständiger Krieg, (wie Alkmar), von Alg, vollständig, vollkommen [1]). Harduin.

4) *Grim, Grum* [2]), *Gram.*

§. 6.

Grimmer. Grimoald. Grumbach. Grumbein. Gramm. Grammont. Arngrimm.

III.

S ch l a ch t.

Wig [3]), *Wik, Weig.*

§. 7.

Wichmann, Wigmann. Wigand. Wiger. Weigel. Wiegleb, Wiklef. Hartwig. Hedwig. Helwig. Ludwig.

Mit diesem Wig und Wik muß nicht verwechselt werden die Endung wich an mehrern

---

[1] Schilter Glossarium, p. 19. 20.

[2] Galic and English Dictionary etc. By William *Shaw.* London 1780. 4. Vocc. Grim. et Grum.

[3] Hervarar Saga, p. 38 (Einvig.) — Lye, tit. Wig, Wigg. — Junius p. 400. — Schilter Gloss. p. 866. 867. — Worm Lex. Runic. p. 134. — Hickes, gramm. angl. p. 202.

Namen; z. B. Radwich oder Radwik; Berwik; Warwik; Greenwich; Harwich; Norwich; Bruns-
wig (Braunschweig); Coswig; Sandwich. Die-
ses wich oder wik heißt Wohnstätte [1]).

IV.

S i e g.

Sieg, Sig, Seg, Sey.

§. 8.

Siegert, Sigurd. Siegfried, Seyfried.
Siegmar, Seymour. Siegmaringen. Siegmund. Siegroth. Siegwart. Siegwald, Sebald, Siebolt, Seybold. — Seyfart. Sigtun.
Sigge, Siexes. Seger. Segersäll. Segebart.

V.

R ü s t u n g.

1) Streit-Axt:

Bart, Bard [2]), mit folgenden Veränderungen:
Bert, Bret, Brecht, Part [3]), *Pert.
Precht.*

[1]) Lye, voc. Wic.

[2]) Scherz Glossarium Germanicum. Ed. Oberlin.
 T. I. p. 97.

[3]) Notker, Ps. 75. v. 6. Bei Schilter, T. I. p. 150.

(Berts und Bers ist der Genitiv; es muß dabei supplirt werden: Sohn; z. B. Albers, d. i. Alberts Sohn, Albersen.)

§. 9.

(Hallbarde. Longobarden, Lambert. Partisane. Giselbert: an diesen Wörtern sieht man, daß Bert oder Bard nicht von dem Angelsächsischen byrht oder briht, hell, glänzend, seyn kann, wie Grigny [1]) meint.)

Bardo. Bardeleben. Bardewik. Bartenstein. Berta. Berthier. Bertold, Bartoldy. Bertram. Bertrand.

Rambert. — Adalbert, Albert, Albers, Aubert, Albret, La Brit, Albrecht. — Radbard, Rodbert, Robert, Rupert, Ruprecht. — Gilbert. Herbert, Erbert. Fulbert. Egbert, Ekbert. Gautbert. — Humbert, Hubert, Joubert, Schubart. — Wibert, Guibert, Guila-

---

[1]) Etat des villes de la Gaule-Belgique avant le douzième siecle; avec des recherches etymologiques sur l'origine de leus noms; par F. *Grigny*, medecin. — In dem Magasin encyclopédique, ou Journal des sciences, des lettres et des arts; redigé par A. L. Millin, No. 19. Tome V. 2me An, p. 329. 334. 335.

berti, Wiprecht. — Engelbert, Engelbrecht.
— Steinbart. Segebart, Siebert. Luitbert.
Osbert. Waldbert. Giselbert. Lambert, Lam=
precht, Langbert, Longobard, Lombard. —
Salabert. — Dagobert. — Maupertuis aus
Malpertius?

2) Wurfspieß.

Gar [1]), *Ger* [2]), *Geir* [3]), *Kar, Ker.*

§. 10.

Garrik. Gerbert. Gerhart, Girard. Ger=
ken. Gerlach. Germersheim. Germund. Gern=
rode. Geroldseck. Geroldstein. Gersau. Gers=
dorf. Gersfeld. Gersheim, Gresham.

Adalgar. Arnsgar, Ansgar. Berengar.
Hergar. — Edgar, Otgar [4]), Otkar, Ottokar,
Odoaker. — Friedeger, Friedegern. Holm=
ger, Holger, Holmgeir. Roger. Notker.
Rüdiger.

[1]) Lye, voc. Gar. — Schilter, p. 345.

[2]) Frisch Wörterbuch, Th. I. S. 342. 343. Schil=
ter, S. 354.

[3]) Worm, Lex. Runicum. p. 40.

[4]) Schilter, p. 652.

3) Schwert:

Brand [1]).

(Sehr gezwungen leitet Frisch [2]) dieses Wort von Bernd ab; Scherz [3]) von Bert oder Bret; Wachter [4]) läßt es berühmt bedeuten.

§. 11.

Brand. Brändel. Brandes. Brandenburg. Brandenstein.

Albrand [5]). Friedebrand [6]). Herbrand. Hildebrand. Luitbrand. Rembrand. Willebrand.

4) Der

---

1) Du Cange Glossarium I, p. 609. (Brando Italis ensem sonat.) — Worm Lex. Run. p. 20. Hickes, gramm. franco-theot. p. 93.

2) Th. I. S. 81.

3) I. S. 180.

4) S. 198.

5) Lerbeke, Chronicon Episcoporum Mindensium; in Leibnitii Scriptt. Bruns. illustr. T. II. p. 201.

6) Eccard Historia studii etymologici linguae Germanicanae. Hanoverae 1711. 8. p. 165.

4) Degen:

Daga, Dagge [1]).

§. 12.

Adalbag. Albbag. Albbagshausen.

Dagobert, (will Luther [2]) durch Dugbert, d. i. taugliche Streitart, übersetzt wissen). — Degelmann. Degenhart.

5) Schild:

a) *Skiold* [3]), *Skald*.

§. 13.

Schilter. Schildbach. Schildburg. Arn= schild. Holmskiold. Rudenskiold. Torsten= skiold. ꝛc. Remscheid, aus Remschild?

b) *Rand* [4]).

§. 14.

Randel. Randers. Randwer. Bertrand.

---

[1] Shaw, voc. Daga. — Du Cange, II. p. 4. — Schilter p. 201.

[2] Aliquot Nomina propria Germanorum, a Martino Luthero. Helmstadii 1673. 8. p. 30.

[3] Worm, p. 117.

[4] Hervarar Saga, p. 91. — Lye, voc. Rand.

E

6) Helm:

Hjelm, Hialmúr.

§. 15.

Helmbold. Helmrich. Helmward. Helwig, aus Helmwig. Arnshelm, daraus Anshelm und Anselm; Schwedisch Oernhjelm. Reichhelm. Stiernhjelm. Wilhelm.

7) Panzer:

Brun [1]*), Brün, Bryn* [2]*), Brenn, Bring* [3]*), Brink, Brenk.*

§. 16.

Bruno. Bruns. Brunhild. Brüning. Brynolf. Brenner, Brennus, Brenno. Brenneke. Brennaburg. Brenkenhof. Bring (Lagerbring). Brinkmann.

VI.

Anführer:

Reiks [4]*), Riks, Reich, Rich, Rik, Rek.*

§. 17.

Rekkard (woraus Ekkard), Richart, Rickert,

1) Otfried V. I. 30. ap. Schilter I. p. 318.

2) Hervarar Saga, p. 70. 91.

3) Schilter, Gloss. p. 138.

4) Junius, p. 281. — Lye, voc. Reiks.

Reichart. — Recke. Reichhelm. Richmond.
Richsa, Rixa, Riksa, — Reichel, Rüchel.

Amalarich, von der berühmten Skandinavisch-Gothischen Familie Amal [1]), wovon auch die Namen: Amalia, Amelang (aus Amelung), Amelungsborn, Amalasventa, Almeloveen.

Alarich. Athalarich. Athanarich, aus Gothanarich [2]). Gotharich, Gautrek, Gotrik. Elrik, Erik. — Emmerich, übersetzt Luther [3]) durch Immer-reich; besser scheint mir die Herleitung von Immen-Rich, d. i. Bienenfürst. — Genserich. Hundrich. Ermanarich, Germanarich. — Theodorich, Theudrich, Thidrek, Dietrich. — Heidrich, Hedrich, Heidrek. — Garrik. Friedrich. Gundrich. Heinrich, Henrich. Hammerich. Helmrich. Leuderich [4]). Oelrich. Roderich. Ulrich, aus Ulfrich. Willrich [5]),

1) Jornandes, de rebus Geticis, C. 3.

2) Kritische Einleitung in die Geschichte des Skandinavischen Nordens, S. 58.

3) Nomina propria, p. 14.

4) Adam Brem. Hist. eccl. L. I. c. XXIII. p. 8.

5) Id. I. XIX. p. 7.

Anmerkung. Da das Wort Fürst, First, d. i. der Erste, Vorderste, mit Rich, d. i. Anführer, einerlei bedeutet: so wird das Letztere im erklärenden Register immer durch Fürst übersetzt werden.

VII.
Herrscher, Befehlshaber.
Wald[1]).

Davon:

1) Walt, Wold, Wolt, Wolod, Wlod, Wlad.
2) Bald, Bold, Bolt, Baud (§. 1. 4. d), Pold.
3) Oald, Uald (§. 1. 4. f. et h.) Ald, Old.

§. 18.

Bald ist nicht von dem Angelsächsischen Bald, d. i. Kühn, wie unter andern Grigny[2]) behauptet; sondern es ist, zufolge der Veränderung des W in B, aus Wald geworden. Dies erhellt besonders aus den beiden gleichbedeutenden Namen: Waldemar und Baltimore; und: Siegwald, Sebald, Seybold, Siebolt.

Ald und Old, wenn es in der Mitte steht, ist ebenfalls aus Wald und Wold, oder Bald

---

1). Junius p. 391. — Lye, v. Wald et Waldan. — Schilter p. 832.

2) A. a. D. S. 320. 335.

und Bold geworden, indem man das W oder B
verschluckt hat. Man sieht dies in dem Namen
Herold, Harald, welcher auch Hariobaudes [1]) geschrieben wird. Arnold, Bertold ꝛc.
ist also aus Arnwald, Bertwald ꝛc. entstanden.

Waldemar, Woldemar, Wolodimer, Wlodimir, Wladimir; [1]) Baltimore. Umgekehrt ist
Mirabaud (H. r. d.) derselbe Name. — Walter, Gualderi, Wolter. Woltersdorf. Wolt-
männ. Walafried. Waldek. Woldike.

Die Skandinavisch-Gothische Familie der Bal-
ten [2]). — Balde. Bolte. Baldamus. Bal-
demund. Baldrich. Baldwin. Baldinger.

Ewald. Hägewald. Ingewald. Lüderwald.
Oswald. Siegwald, Sebald, Siebolt, Seybold.

Theobald. Willbald. Haubold. Helmbold.
Humbold. Rumbold. Erpold. Leopold, Leu-
pold. Chambaud, aus Hambald. Grimoald.
Romuald.

[1]) Eccard Hist. stud. etymol. p. 53.
[2]) Jornand. C. 29.

VIII.

Der Erste, Vornehmste.

Or, Ord, Ort[1]).

§. 19.

Ordulf, Orlof, Ortlep. Ordingen. Ord-
ruf, aus Ordorf. — Orduña (in Spanien),
Ortona (in Italien), Orton (in England). Ormund. Oresund. Ortenau. Ortenburg. Ortenegg. Ortenstein. Ortford.

Ort heisst auch Anfang, desgleichen Urheber;
daher Ortfruma, d. i. Ur-Anfang [2]).

IX.

Heroische Eigenschaften:

1) Herzhaft:

Hart,

die Plattdeutsche Aussprache von Herz.

(Obgleich das Hochdeutsche sich zur Bücher-
Sprache ausgebildet hat, sind doch mehrere
Plattdeutsche Namen unverändert beibehal-
ten worden.

---

[1] Lye, vos. Or, Ord, et Ordfruma.

[2] Hymnus matutinus, in Altfränkischer Sprache,
bei Hickes, gr. franc. p. 100.

Hard, Chard, Chart, Schard, (§. 1.,
:1. 2.) *Art, Hert, Ert.*

§. 20.

Hardek. Hardenberg. Hartfort. Harz-
und Hart-Gebirge. Hartmann. Hartmund.
Hartung. Hartwig. Harduin. Hertel. Hertling.

Bernhart. Burghart. Degenhart. Det-
hart. Eberhart, (Luther will Ober-Rath [1]).
Ebert, Ebers. Eginhart. Eisenhart. Ehrhart.
Engelhart. Gebhart, (Luther will Geb-Rath [2]).
Gerhart, Girard, Gert. Gotthart, (Luther
will Gut-Art [3]). Leonhart, Lienhart, Lenhart,
Lehnert. — Meinhart, Meinert, Meiners. —
Neidhart, Nidhart. — Reinhart, Reinert,
Reiners. — Weinhart. — Weikard (Weig-
hart). — Reichart, Richart, Rickert, Reccard.
— Adalhart, Alart, Ehlert, Ehlers. — Kleinert.
Steinert. Schwickert, (aus Schweig-hart). Sie-
gert, (aus Sieg-hart.)

Bedschard. Bochart. Blanchard. Guischard. Houchard. Pierrard. — Chardin.

1) S. 35.
2) S. 34.
3) S. 38

2) **Schnell:**

Hast (Gast), Had, Hâte.

§. 21.

Haſtings. Haſtenbek. Haſtolf, wovon Ahſ=
ſtolf und Alſtulf. Gaſton. Radegaſt. Hildegaſt.
Hadamar.

3) **Schützend, beſchirmend:**

Mund [1]).

§. 22.

Adalmund. Baltemund. Dortmund. Ed=
mund. Eimund, Emund. Faramund. Frede=
mund. Germund. Gudmund. Gundemund.
Hallermund. Hartmund. Hermund. Hilde=
mund. Ingemund. Kettelmund. Kühnemund.
Ormund. Osmund. Radmund. Raimund
(Räm=mund). Roſemund. Siegmund. Tho=
rismund. Warmund.

4) **Stark:**

Star, Stor, Stur (Stru), Styr:

§. 23.

Starenberg. Stargard. Stormarn. Sture.
Struenſee. Styrbjörn. Styrum.

[1] Lye, voc. Mund, munimen, tutela.

5) Glücklich:

Gothisch *Audags* [1]); Isländisch *Aud*;
Deutsch *Od, Ot*; Angelsächsisch *Ead, Ed* [2])

§. 24.

Edgar, Otgar, Otkar, Ottokar, Odoaker. — Edwin. Edmund, Emund. Edward, Odoardo. — Odo, Otto. Otfried.

6) Wild, Heftig:
Wil.

(Aus Wild ist abgekürzt Wil geworden, wie, in mehrern Namen, Hil· aus Hild, z. B. Hilmar, statt Hildmar, Hillebrand, Hillersleben ꝛc.)

§. 25.

Wilibald. Willebrand. Willram. Willrich. Wilhelm, Guillaume, Villaume. Wilbert, Guibert, Guilaberti.

7) Edel:
Athal, Adal, Adel, Ahl, Al.

§. 26.

Adalbert, Albert, Aubert, Albrecht, Albret, la Brit. — Adaldag. Adalgar.

---

[1] Junius, p. 73.
[2] Lye, voc. Ead.

Albrand. Alarich, Athalarich. Adalwart. Adelgunde. Adelheid. Adelmund. Adelstan. Adelung. Adolf. Ahlefeld. Ahlemann. Alart. Aldred. Ethelred.

Der Name der Alemannen wird gewöhnlich durch: allerlei Männer, erklärt. Ich halte ihn für zusammengezogen aus Adalmannen, d. i. edle Männer; wie Ahlefeld, Ahlemann, Ahlward, Ahleid (Adelheid), Albert.

X.

Warte, Hochwacht:

Wart [1]), *Ward*, *Vard*, *Oard*, *Werth*, *Wörth*.

§. 27.

Adalwart. Ahlward. Jedward. Edward, Odoardo (§. 1.) Harvard. Helmward. Howard. Leuwarden. Marquard (Mark-ward). Osward. Ramward. Siegwart. Steward [2]). Dank-werth; aus Dansk-ward. Cydworth. Wend-worth.

[1]) Notker, Ps. II. 6. — IX. 12. — LII. 7. — LXIV. 2. — LXXII. 28. Ap. Schilter, I. pp. 3. 17. III. 128. 149.

[2]) Hickes, gramm. Anglosax. p. 152.

XI.

Friede.

§. 28.

Friedrich. Friedeborn. Friedebrand. Fredegunde. Fredemund. Arnfried. Holmfried. Otfried. Siegfried. Walafried. Gernfried. Warnfried. Winfried.

XII.

Volk, Leute:

I.

Thiud, Gothisch [1]); *Theod,* Angelsächsisch [2]); *Thiod,* Altskandinavisch [3]); *Thid,* Isländisch; *Thiot* und *Thiet,* Alemannisch [4]);

[1]) Junius, p. 348.

[2]) Lye, voc. Theod.

[3]) Hervarar Saga, p. 118. — Worm Lex. Run. p. 142.

[4]) Otfried I. 1. 169. p. 24. — I. 1. 191. p. 25. — I. 2. 68. p. 29. — I. 12. 63, p. 53. — I. 15. 72. p. 58. — IV. 21. 23. p. 284. — Tatian C. VII. 6; ap. Schilter, II. p. 9. — C. CXCV. 3. p. 80. — Fragmentum de bello Caroli M. contra Saracenos, Vers. 968 et 1366. ap. Schilter II. — Otfried, Praef. ad Ludovicum v. 180.

die Deutſchen Modificationen des Worts ſind:
Diet [1]), *Dit, Deut, Duit, Död, Dud,*
Dut, Düd [2]), *Ded, Dett.*

§. 29.

Theobald, Detwold, woraus Detmold. —
Theodorich, Thldrek, Dietrich, Deutrich. —
Deuthart, Dethart. — Deuthold. Deutmar,
Detmar, Ditmar. — Deutlev, Detlev. —
Döderlein. — Dedekind. Deverſtädt, Duder-
ſtadt. Dutweiler. Duisburg, Doesburg. The-
ben. Tiedemann. Tiedge. — Dietz.

A n h a n g.

Von der Richtigkeit der Schreibart:
Deutſch.

Das Wort Deutſch wird von den ältern
Original, d. i. Germaniſchen Schriftſtellern ohne
Ausnahme vorn entweder mit Th, oder mit D,
geſchrieben. Das Liſpelnde in der Ausſprache
des Th iſt unter den Deutſchen verlohren gegan-

---

[1]) Notker, Ps. II. 1. — XVII. 48. — XCV. 7.
[2]) Urkunde y. J. 1278, in Willebrands Hanſiſcher
Chronik, dritte Abtheil. S. 3.

gen; unter den Engländern hat es sich erhalten.
Es war aber gewiß ein weicher Laut; dem also
das D weit näher kömmt, als das T. Daß man
das Th weich ausgesprochen hat, sieht man an
einigen Wörtern in jenen zwei schätzbaren Urkunden vom Jahre 843, von denen die zweifache erste
die eidliche Verbindung Ludwigs des Deutschen
und Karls des Kahlen gegen den ältern Bruder
Lothar; die zweite den Eid des Deutschen und
Fränkischen Kriegsheers, enthält [1]). Die darin
beobachtete Schreibart Ludher, Ludhuwig,
Bruodher, Bedhero d. i. beider, Thesan
d. i. diesen, Thes d. i. des, Thaz daß, Thing.
Ding, verräth die weiche Aussprache des Th.
Recht auffallend sieht man dies an dem Worte
Bruder. Im Gothischen heißt es Brothar [2]);
im Angelsächsischen Brether [3]). Derjenige
Theil der Germanen, welcher das Lispelnde des Th

---

[1]) Leibnitz, Collectanea Etymol. Ed. Eccard.
Hannoverae 1717. P. I. p. 181 seqq. Und in Leibnitz sämmtlichen Werken, Genf 1768. T. VI. P. II.
p. 141. — Auch in Schilters Thesaurus T. II.
Supplementum ad Jus provinc. Alem. p. 240,

[2]) Junius p. 100.

[3]) Lye, voc. Brether.

nicht ausdrückte, sprach wenigstens diesen Dop-
pelbuchstaben weich aus; daher Brupher, Bruder. Auch am Ende ward das Th, wie noch
jetzt bei den Engländern, gelispelt; daher ist z. B.
aus Munths oder Munth (Gothisch) [1], im
Deutschen „Mund" geworden, nicht „Munt".
Gegen diese aus Originalschriftstellern genomm-
nen Beweise kann der Umstand, daß Ptolemäus,
Plinius 2c, Teutonen schreiben, nichts ent-
scheiden.

2.

Leod [2], *Liut* [3], *Luit, Leut, Lüd* [4],
Lut, Lüd, Lüt; Hleod, Chlod, Clod. -

§. 30.

Ludwig, Hlodwig, Chlodwig, Clodwig. —
Luither, Lothar, Ludher, Luther. Loder. —
Ledebur. — Ludolf. Lüderwald. Lüderitz.
Luitbert. Luitbrand. Leutmaritz. Leudrich.
Lloyd. Lhuyd. Clothilde.

1) Junius, p. 261.

2) Lye, voc. Leod.

3) Notker, Ps. XVII. 45.

4) Urkunde bei Willebrand, a. a. O. S. 24. 25. (E

XIII.

Stamm (Tribus).

Kyn [1]), Kin [2]), Kun [3]), Künn [4]),
Chunn [5]), Kon, Kean, Klan [6]).

§. 31.

Caen. Kuno. Cunäus. Köhne. O'Connor.
Congreve. Konrad, Kunrath; Kurt. Künitz,
Kaunitz, Kunz, Kunze. — Kunegunde. Kunersdorf. Kynrich. Kynhelm. Kynulf. Kyn-
burg, Kyburg. — Löbegün.

Anmerkungen.

1) Das Wort Kunung, Konung, Kining [7]), woraus Kunig, König, Kyneg [8]), Knigge und King geworden, —
leite ich von Kun oder Kyn ab; nicht von
Köhnen, wie Schilter [9]). Die Benennung

---

1) Lye, voc. Kyn et Cyn.
2) Shaw, voc. Cine.
3) Junius, p. 223.
4) Otfried I. 3. 15. p. 30. — I. 9. 41. p. 46.
5) Notker, Ps. X. 6. p. 20.
6) Shaw, tit. Clann.
7) Lye, voc. Kining.
8) Derselbe, voc. Kyneg.
9) Glossarium, p. 176.

Stamm‒ oder Volks‒Abkömmling
paßt in so fern zu der Würde der älteſten Ger‒
maniſchen Heerführer, als dieſelben immer
aus der Nation gewählt wurden.

2) Aus Kin iſt das Wort Kind entſtanden,
welches im Engliſchen Geſchlecht oder
Art, im Schwediſchen Stammbezirk,
oder Landſchaft heißt Daher die Namen
Wittekind (Wedekind), Dedekind. — In
Schweden führen noch mehrere Härade die‒
ſen Namen, z. B. im Linköpingſchen Stifte
von Oſtgothland: Björke‒Kind; Oeſt‒Kind;
Hammar‒Kind; Skär‒Kind; Banke‒Kind;
Hane‒Kind; — in Weſtgothland: Frö‒
Kind; Kind‒Härad.

Daſſelbe Wort, nur mit verändertem Vokal,
findet man in den Namen: Kent, Canterbury,
Kantabrien, Canton, Conty, Condé, Country,
Contrée, Kennicot, Kennigton.

———————

Abkömmling.

I.

§. 32.

Mag [1]).

$$\underbrace{\qquad\qquad\qquad\qquad\qquad\qquad}$$

Mac [2]).　Magus [3]).　Magath [4]).　　　May [5]).

$$\underbrace{\qquad\qquad}$$

Magd. Maegth [6]).　Mey [7]).

Maid.　　　Mö.

Das alte Keltisch‑Germanische Stammwort Mag zeigt überhaupt das Verhältniß der Kind‑schaft an [8]). Von den vier Haupt‑Modifica‑tionen, die dieses Wort in den verschiednen Mund‑arten erfahren hat, bedeuten die beiden ersten:

[1]) Otfried I. 3. 4.

[2]) Shaw, voc. Mac.

[3]) Junius. p. 241.

[4]) Idem, p. 240.

[5]) Vita S. Margarethae, ap. Hickes gr. Angl. p. 225. vers. 6.

[6]) Lye, v. Maegth.

[7]) Worm, Lex. Run. p. 84.

[8]) Schilter, Gloss. p. 560.

F

Sohn oder Jüngling; nämlich das Jreländische
Mac, und das Gothische Mags, gedehnt Magus. Die beiden andern, mit den davon ausge-
henden Abänderungen, bedeuten Tochter oder
Jungfrau; nämlich das Gothische Magath,
das Deutsche Magd, das Angelsächsische Mägth,
das Englische Maid, das Altskandinavische May
und Mey, das Schwedische Mö.

Mac; Diminutiva: Mekel, Maklin. Makensen.

Suns [1], Sunu [2], Sune, Süen (Sven).

§. 33.

I.

Sun

— Süend. Suein. Süen (Sven).

— Süenta (Sunta.)

Son,

— Süend. Suein. Sohn, Sonur, Sön,

Saun,

— 'Aun, geſchrieben: 'Owen.

— O', Ui, Oue, Oveen.

[1] Junius, p. 322.

2 T

Es ist nicht zu verwundern, daß das Stamm-
wort Sun, in den verschiedenen Dialekten, so
viele und so stark abweichende Veränderungen erfahren hat. Denn es gehört nicht nur überhaupt
zu den Wörtern, die im täglichen Leben am häufigsten ausgesprochen werden; sondern es ist auch
insbesondere eins von denjenigen, welche, bei den
zärtlichen Tändeleyen der Eltern mit den Kindern,
am meisten und mannichfachsten verzerrt und verunstaltet werden.

Die Ableitung des, zum Ireländischen Vor-
namen gewordenen, Wortes Owen (Aussprache
Auhn) muß freilich, ausser dem Zusammenhange,
sehr gewagt scheinen. Weniger wird sie dem
Sprachforscher auffallen, der den vorangeschickten
etymologischen Entwurf seiner Aufmerksamkeit
würdigt.

In mehrern Wörtern unsrer Sprache ist das
vormahlige Au in O übergegangen; z. B. Graut,
größ; Skaut, Schooß; Hauk, Hoch. (Isländisch). Noch jetzt spricht, in einigen Gegenden, der gemeine Mann das O in gewissen Wörtern aus wie Au. So sprach ehemahls ein Theil
der nördlichen Germanen Saun. Nun stelle ich
mir vor, daß die Irelänber wegen der häufigen,

oft tändelnden Aussprache des Worts, und über=
dies wegen der, ihnen eignen. trägern und wei=
chern Sprach = Organe, nach und nach den An=
fangsbuchstaben weggelassen, und Aun gesprochen
haben. — Aus gleichen Ursachen ist vor dem Alt=
Germanischen Worte Ata oder Aita, d. i. Va=
ter, schon früh das T weggefallen: denn das
Wort hieß ursprünglich Tata oder Taita; im
Britto = Kymrisch = Walesischen und Armorikanischen
noch jetzt Tad [1]); in Thüringen und einigen Ge=
genden von Sachsen gebraucht der gemeine Mann,
wenn er spielend zu Kindern spricht, noch jetzt das
Wort Tate, statt Vater.

Aun wird im Englischen und Jreländischen
Owen geschrieben; z. B. Owen Manning, (Her=
ausgeber des Angelsächsisch = Gothischen Wörter=
buchs von Lye); und dieses wird Theils wieder
abgekürzt, Theils auf andere Art verändert.
Nämlich:

1) O', steht bekanntlich vor vielen Jreländischen
    Namen, als O'Connor, O'Neal 2c. Daß es
    von Owen abgekürzt ist, leidet keinen Zwei=
    fel. Im Schreiben wird auch Mac, weil es

---

[1]) Chamberlayn, Oratio dominica, in divetsas
linguas versa. Amstelod, 1715. p. 39. 51. 52

eben so oft vorkömmt, auf gleiche Weise
abgekürzt; als: M'Pherson, M'Donel,
M'Lean. Wie O'Halloran in seiner Geschichte von Ireland versichert, hat Owen
mit Mac einerlei Bedeutung, zeigt also den
Sohn desjenigen an, dessen Name
dabei steht.

2) Ui, steht gleichfalls vor mehrern Irländi-
schen Namen, und ist weiter nichts, als eine
verderbte Abkürzung von Owen [1]).

3) Oue, scheint mir auch eine Abkürzung von
demselben Worte; es wird aber nicht, wie
Mac, Owen, O', und Ui, den Namen
vorgesetzt, sondern denselben angehängt. Es kömmt unter andern vor in dem
Namen Bourdaloue, d. i. Burthal's Sohn.
— Im Dänischen heisst es Ove, und wird
vorn gesetzt, als: Ove Malling.

4) Oveen, ist die gedehnte Niederländische
Aussprache von Owen. Dies ergiebt sich
aus der Aehnlichkeit des Worts, und aus
dem Umstande, daß, wo man es angehängt
findet, die Bedeutung von Sohn nicht zu

[1]) Richard Twiß, Reise durch Ireland. Aus dem
Englischen. Leipzig 1777. S. 31.

verkennen ist; z. B. Hogeveen, eigentlich
Hugoveen, d. i. Hugo's Sohn; Almeloveen, eigentlich Amal-oveen, d. i. Sohn
eines Amalers, (denn das vorderste L hat
sich blos eingeschlichen).

Vorzüglich unter den Irländern, hatte vormahls die Gewohnheit Statt, daß, wenn der
Vater ein berühmter Mann gewesen war, der
Sohn einen Theil des Ruhms dadurch zu erben
glaubte, daß er sich blos Sohn desselben
nannte. Sohn drückte man nicht allein durch
die einheimischen Wörter Mac und Owen aus,
sondern auch, in den Zeiten, als Ireland im Rufe
der Gelehrsamkeit stand, durch das Lateinische
Filius, verderbt Fitz, als: Fitz William, Fitz
Herbert. — Jetzt sind Mac, Owen und Fitz
von den dabei stehenden Namen unzertrennlich,
und mit denselben zu allgemeinen Familien-Namen
geworden.

3.

§. 34.

Inge, Ing, Ink, Ung, Jung.

Inge. Ingeburg. Ingegerd, Ingrid. In
gelger [1]). Ingelheim. Ingelram. Ingema

1) Gesta Consulum Andegavensium C. 3. n. 2.

Ingemund. Ingermannland. Ingersleben. Ingewald. Ingolstadt.

Baldinger. Meidinger. Bering. Büsching. Brüning. Büring. Döring. Erling. Fielding. Gundling. Hastings. Herting, Hartung. Adelung. Maring. Schöning. Winning. Wülfing. Bentink. Schwetzingen; Schwetz-ingen, d. i. kleine Schwetz.

Folkunger. Skioldunger. Märovinger. Karolinger. Kapetinger. Inglinger. Wikinger.

Auch der Name der Grautunger oder Greutunger, der vorzüglichsten Ostgothischen Völkerschaft, läßt sich davon herleiten. Graut woraus Greut geworden, ist das Deutsche Groß; Grautungen, heißt also: große Jungen.

Die Endung ling zeigt bisweilen ein Diminutivum an, als: Ingling, d. i. kleiner Nachkomme, oder Jüngling; Schilling, aus Schildling; Gundling, Büchling, Schmetterling, Zwilling ꝛc.; — bisweilen aber auch einen Zustand, oder eine Eigenschaft; als: Sonderling, Liebling, Günstling, Frühling, Spätling, Abkömmling, Fremdling, Zögling, Flüchtling, Züchtling ꝛc.

XV.

Hütte, Zelt:

Bur [1]), *Bür, Bor, Boer.*

§. 35.

Bora. Bure. Bur=gund. Burke. Buri=
dan. Bourdon. Burlington. Burmann. Bur=
ney. Büren. Büring. Ledebur. Borheck,
Boerhave. Bayer.

[1] Lye, voc. Bur. — Schilter, p. 143.

XVI.

Eingehägter Inbegriff mehrerer Wohnungen:

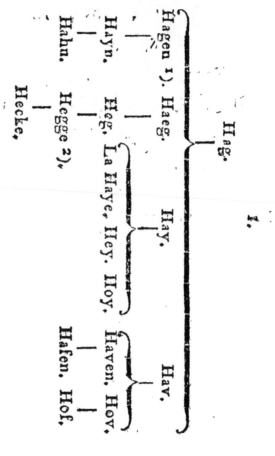

§. 36.

Haga, Hoya. Hoyer. Hoyerswerda. Heyer. Howe. Haag, Haak, Hagen, Hakon. — Goldhagen. Buchenhagen. Kopenhagen. Ha:

1) Lye, v. Haga et Haeg. — Du Cange II. p. 689. 690. — Schilter p. 415.

2) Lye, v. Hegge.

genbek. Hagemann, Heymann, Hägermann.
Hegewald. Hegewisch. Hecker. Vorheck.

Anmerkungen.

a) **Hag** hat dieselbe Bedeutung, wie Zaun.
In so fern Beides einen Inbegriff von
Wohnungen, oder auch blos einen eingeschlossenen Raum anzeigt, steht Con-
tinens pro Contento.

b) Einige Mahl ist **Hagen** oder **Hayn** sogar
in **Hah'n** zusammengezogen worden; als:
Großenhahn, statt Großen Hayn; Hah-
nekamm, statt Haynkamm; Hahnewald,
statt Haynwald. Hanau. Hannover.

c) Aus **Hegge** sind, mit Weglassung des H
in der Mitte, die häufig vorkommenden Endungen Egge, Egg, Egh, Egk, Eck, Ecke,
Ecker, entstanden. Daher die Namen:
Bernegger, Bernekker, Wernek; Hardegg;
Königsegg; Kielmannsegge; Kronegk; Reinegg, Reinke; Forstek; Geroldseck; Heidekker; Hoheneck; Ortenegg; Stadeck;
Waldeck.

d) Auch Heder [1]), Eder [2]), Edor [3]),
heißt eine Befriedigung, ein Zaun; dann
ein Dorf, Flecken. Daher die Namen:
Hederich; Hedwig; Hedward, Jedward;
Heidekker.

2.

Tun [4]), *Ton*, *Town*, *Tuyn* (Zaun),

§. 37.

Siegtun. Eskilstun. Hâtuna (Hoftun).
Orduña in Spanien, Ortona in Italien, Orton
in England. Carlton, Charlestown. Kingston.
Newton. Warburton.

3.

Gards [5]), *Garth*, *Gorod*, *Grod.*

§. 38.

Gardleben. Gardarik. de la Gardie. Görz,
aus Gards? Gordon. Hildegard. Hogarth.
Holmgard. Naugard, Nowgorod. Quistgaard.
Bialogorod, Belgrad.

1—3) Lye.

4) Lye, v. Tun.

5) Junius, p. 118. — Lye, v. Geard. — Schilter, p. 346. — Worm, Lex. Run. p. 59.

Da das Wort Gard überhaupt einen, in gewisse Gränzen eingeschlossenen Ort bezeichnet; so hat es die verschiedenen Bedeutungen von Garten, Haus, Stadt, Hoflager, Reich.

Der Stoff, womit eine Wohnstelle eingezäunt wurde, die Gerte, ist auch davon benannt. Eben davon auch Gürten und Gürtel, Gurt.

4.

Haim, Gothisch [1]); *Ham*, Angelsächsisch [2]); *Heim*, Deutsch [3]); *Hem*, Schwedisch; *Home*, *Hume*, Englisch.

§. 39.

Hamm, Hoym. Hamp. Hempel. Hammerich. Hammond. Hamburg. Hameln. Hamilton, du Hamel. Home. Hume. Humbold, Hambold, Chambaud. Humfried. Hamfort, Chamfort. — Humbert, Hubert, Joubert, Schubart.

Böheim. Birmingham. Buckingham. Chatham. Gresham, aus Gersham, Gersheim. Scheringham. Windham, Windheim ꝛc.

----

1) Junius, p. 181.
2) Lye, v. Ham.
3) Schilter, p. 442.

XVII.

Thiere.

1) Wolf:

Wulfs, Gothisch [1]); *Wulf*, Angelsächsisch [2]);
Ulf, Skandinavisch;

daraus ist geworden:

a) Ulph, Alf, Olf, Olph, Olaf, Olav,
Olef [3]), Oleph [4]).

b) Leph, Lep, Lev, Lef, Laif, Lof, Luf.

§. 40.

Wolfgang, umgekehrt Gangolf. Wolfram.
Wulffen. Wülfing. Alfred, umgekehrt Redalf.
Alfhild, Ulfhild. Ulphilas. Ulfrich, Ulrich. —
Olavides.

Adolf, Adolph: Arnolf, Arnulph, Ernouf.
Aistulph, Ahistolf, aus Hastwolf. — Berolf,
Berlep, Berlepsch. Eglof. — Theodolf,
Deuteloff, Deutlep, Detlev. — Wiegleb,
Wiklef. — Herluf, Herolf, Hrolf. — Gandalf.
Ludolf. Ordulf, Ortlep. Runolph (vom Go-

1) Junius, p. 411.

2) Lye.

3) Willebrand, dritte Abtheil. S. 32.

4) Vita Ansgarii, l. c. p. 68.

thischen Runia, Heimlichkeit [1]). Wedulf? Thorlaif. Islaif.

Redalf, Radulf, Radlef, Rudlof, Rudolf,
Rodlof, Roloff, Rollo, Rour.

2) Bär:

Bar, Ber, Björn, Börn, Bern, Wern.

§. 41.

Bern (Arctopolis). Bernd. Berno, Benno.
Bernan. Berenburg. Berengar. Berlberg,
Perlberg. Berlitt. Berlin (Berl-in, Dimi-
nutivum). Bering. Bernek, Bernekker, Wer-
nek, Warnke. Börner, Berner, Werner, Wern-
her. Wernigerode. Warnfried. Bernsdorf.
Bernhart. Bernstadt. Björnstahl. Berlep,
Berolf. Berquin. Berry. Berwik. Bertuch.

Barleben. Barendorf. Barnstedt. Dunbar.
Ambjörn. Asbjörn, Osbern. Styrbjörn. Torbern.

3) Pferd:

Mar, Mer.

§. 42.

Marburg (Marlborough?) Marezoll. Mar-
schalk. Maring, Mehring. Marivaux, Mirabaud,

<hr>

[1] Junius, p. 284.

Miraveaux, — Marmontel. Marsdiep, Mars=
feld. Marslinz. Marwood.

Alkmar. Dittmar, Deutmar, Dettmer.
Volkmar. Leutmar. Donamar, Domar. Ha=
damar. Helnmar. Hilmar, Hilmer. Inge=
mar. Siegmar, Seymour. Stormarn. Rei=
marus, Rein=mar. Weimar, Win=mar. Wal=
demar, Wolodimer, Wlodimir, Wladimir, Bal=
timore.

4) Löwe.

§. 43.

Lauenburg. Laybach. Leopold, Leupold. —
Leonhart, Lienhart, Lenhart, Lehnert. Leob=
schütz. Leuwarden. Lemberg. Lemgo (Löwen=
gau). Lüneburg. Löbegün. Leibnitz aus Löwnitz.

5). Widder.

Ram, Rem, Reim, Rom [1])

§. 44.

Rambach. Ramberg, Romberg. Romsdal.
Röm=wald, Romuald, Rombald, Rumbold.
Rambert. Ramdor. Rammelburg, Rumlaborg.

Ram=

[1] Lye, voc. Ram et Rom. — Schilter, Gloss.
p. 672.

Ramsay. Ramsel. Ramsden. Ramward. Ralm-mund. Rembrand. Remscheid, aus Remschild? Rendsburg, Remsburg? Rumford. Ingelram, umgekehrt Remiling, Reming, Remigius, Reims. — Bertram. Guntram. Willram. Wolfram.

6) Adler:

Arn [1]), *Earn* [2]), *Ern* [3]), *Örn.*

§. 45.

Arnd. Arbert, Arnbert. Ansgar, Arnsgar. Arenberg. Arenswalde. Arnemaxin. Arnfast. Arnfeld. Arnfried. Arngrimm. Arnold. Arnolf. Ernouf. Arnschild. Arnstedt. Örnhjelm.

XVIII.

Gewässer:

1) *Don* [4]), *Dan, Dun, Den.*

§. 46.

Die ursprüngliche Bedeutung von Don rc. ist Gewässer. Zu dieser Behauptung bestimmen mich zwei Umstände:

[1]) Notker, Ps. CII. 5. p. 197.

[2]) Lye, v. Earn.

[3]) Hervarar Saga, p. 67.

[4]) Cambden, Britannia Magna. Amstelod. 1659. Fol. p. 293. — Wachter, p. 297.

1) Mehrere Flüsse in Gegenden, wo Germanische Völker gewohnt haben, oder noch
wohnen, führen diesen Namen; als: Don,
Tanais; Donez; Düna; Donau;
Taun und Tyne (Daun, Dyne) in Schottland. — Diese Flüsse heissen also insgesammt schlechthin das Wasser. So auch
die Bardaune; d. i. das Bär-Wasser,
bei Frankfurt an der Oder; die Rebdaune,
d. i. das Schilf-Wasser, bei Danzig.

Dieselbe Bewandtniß hat es mit dem
räthselhaften Eridanus. Dieser Name ist
aus Herdan, (Sheridan) d. i. Kriegswasser,
entstanden. Denn das i ist, nach der Gewohnheit der Griechen und Römer, eingeschoben, wie unter andern in dem Namen Hergar, den Adam von Bremen [1] Herigar
schreibt; und der Anfangsbuchstabe H ist weggelassen worden (s. §. 1.), welches bei Griechischen, oder ins Griechische aufgenommenen
Namen am allerbegreiflichsten ist. Wenn es
sehr wahrscheinlich ist, daß die alten Germanen mehrere Flüsse Kriegswasser
nannten: so fällt die Frage, welcher Fluß

[1] Hist. eccl. l. I. c. 16.

unter dem Eridanus zu verstehn sey, von selbst weg.

2) Es sind verschiedene Orts-Namen mit Don oder Den zusammengesetzt; als: Dresden; Emden (Ems-don); Kempten (Camb-den, Campodunum); Leyden, Lugdunum; London (Lund-don, d. i. Wald-wasser); Taidun, in Schottland (d. i. Tai-Fluß) [1]; Verden, Verdun, (Verodunum), Werden. Daraus, daß diese Orte insgesammt nicht auf Anhöhen, wohl aber an Flüssen, liegen, erhellt, daß Gewässer die ursprüngliche Bedeutung von Don, Dun ꝛc. ist. Wenn, zufolge einer Nachricht des Kleitophon [2], Dun in der Keltisch-Germanischen Sprache auch einen Hügel bedeutet hat: so ist dieses eine abgeleitete Bedeutung; denn unter Dünen werden blos Sandhügel am Meere verstanden. Eben so wie Dun-Vögel weiter nichts, als Wasser-Vögel, heißt; und Dunen von Dun-Vögel-Federn

---

1) Cambden, Scotia, p. 16.

2) Plutarch, de fluminibus; tit. Arar. Ed. Reiske, p. 733. — Lye, v. Dun, Dune.

abgekürzt ist: so ist auch Dünen aus Dun-
Berge, d. i. Meeres-Berge, entstanden. Einen vorzüglichen Beleg hierzu finde
ich in dem Namen der Norrwegischen Stadt
Tonsberg, oder Dunsbergen: Hieße
Dun, oder Don (nach der harten Nordischen
Aussprache Ton) blos Anhöhe; Berg:
so wäre Tonsberg ein seltsamer Pleonas-
mus. Aber Gewässer, oder Meer für
die eigentliche und ursprüngliche Bedeutung
von Don angenommen, drückt dieser Name
sehr genau die Lage der Stadt aus: am
Meere (eigentlich an einem Meerbusen),
und auf und an einem Berge. Auch
der Name der Grafschaft Devon oder Den
im westlichen England, bedeutet Seeland;
schon Ptolemäus [1] nennt die Bewohner
dieser Gegend Dan - monen, d. i. See-
Männer.

Diese eigentliche und ursprüngliche Bedeutung
von Don, Dan ꝛc. wird in dem unten folgenden
etymologischen Versuche über die Namen der vor-

1) L. I. c. III. Ed. Gerard Mercator, et Peter
Montanus, p. 34.

züglichsten ältesten Keltisch-Germanischen Völker und Heerführer, von großer Wichtigkeit seyn.

Es folgen noch einige, hierher gehörende eigene Namen:

Daun. Tauenzien. Daunton. Dona. Donamar, Domar. Donald, Don-wald. Donat. Donegal. O'Donel. Odnhof. Danovius. Duns. Duncam. Dunholm, Dunelm. Dunrich. Dunmore, Dannemora. Dänmark.

Jverdon, Yverdun, Aberdeen, Ebrodunum. — Kildun (in Schottland). Clarendon, Sheldon. Laudon. Gordon. Bourdon, Buridan. Cambden, Rampden.

2) *Ak*[1]), *Ac, Ach*[2]), *Aha, Ai, Au.*

§. 47.

Acha. Aachen, Aken, Achenwall.

Bergerac. Condillac. Eboracum, aus Yver-ak, verderbt York. — Dornak, Douai. Kambrak, Cambrai. Calais. Figeac. Souillac. Cadenac. Najac. Armagnac. Thorlak, Durlach. Gundlach. Gerlach. Breislach und Breisach. Alpnach. Aurach. Bacharach. Biberach,

[1] Junius p. 63.

[2] Schilter p. 5.

Bibra. Eisenach. Kreußnach. Steinach. Urach. Villach. — Brückenau. Ilmenau. Wetterau. Aarau.

XIX.

Bach:

Beck [1]).

§. 48.

Zuerst einige Bemerkungen über das Stamm-wort Bak.

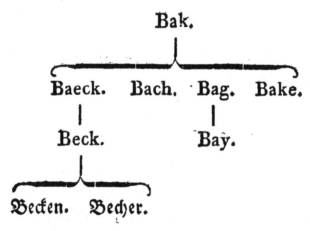

Bák scheint ursprünglich eine mit Wasser ge-füllte, oder zum Schöpfen und Aufbehalten des Wassers bestimmte, Höhlung, bedeutet zu ha-ben. Den Zweigen dieses Stamm-Begriffs wur-den bald gewisse Modificationen des Worts eigen.

---

[1]) Hickes, gramm. Franco-theot. p. 92. — Lye, v. Becc.

Daher: Baeck (Schwedisch), Becc (Angelsächsisch), Bèck (Englisch), der Bach; — Bäg, Bay, der Meerbusen; — Bake, eine Seetonne, als Zeichen für die Schiffer; — Becken; Becher.

Bek, Böth. Bechstein. Bekford. Bekmann.

Aalbek. Brabek. Caudebéc, d. i. Kaltbach [1]). Elnbek. Fischbek. Goldbek. Hagenbek. Hastenbek. Kurzbek. Langebek, Lambek, Lambecius. Lerbek, Leerbach, Lehrbach). Lübek, aus Lüt-bek. Morbek. Overbek. Reinbek. Risbek. Rudbek. Steinbek. Strombek. Walbek (Waldbek). Wandsbek. Winsbek.

XX.

Rohr, Schilf:

Gothisch *Raud, Rauds*, zusammengezogen *Raus* [2]); Angelsächsisch *Hreod* und *Reod* [3]); Englisch *Reed*; Altskandinavisch *Reid* und *Rid*;

[1]) Hickes, l. c.

[2]) Junius, p. 281.

[3]) Lye, vocc. Hreod et Reod.

ch' Deutsch, nach den verschiednen Dialekten:
Rad, Red, Ret; Rid, Rit, Ried, Riet, Rüd,
Reut, Röd, Rode; Roth, Rud, Rut, (da-
von Ruthe.)

§. 49.

In den' ältern Zeiten waren viele Gegenden
von Deutschland morastig, und mit Rohre und
Schilfe bewachsen. Ein Stück Land durch Aus-
rottung desselben urbar machen, heißt
davon reuten oder roden, ausreuten, ausro-
den, d. i. entrohren; bei Otfried, redan [1].
Viele Namen von Orten, die in solchen Gegenden erbaut sind, endigen sich mit reut und rode;
besonders am Harze, in Thüringen und Franken;
z. B. Wernigerode, Elbingerode, Gernrode, Harz-
gerode ꝛc.; — Sichersreuth, Baireuth, Bai-
ruth. Auch führen ganze Gegenden, die entweder noch jetzt feuchte Niederungen mit Schilfe enthalten, oder vormahls enthielten, den Namen
Riet; z. B. der südwestliche, abgesondert liegende Theil der Grafschaft Mansfeld; die Gegend oberhalb der Reichsstadt Ulm; einige Strei-
fen des Rhein-Ufers im Elsaß. Hierher gehören auch die Länder- und Orts-Namen: Rheda,

[1] L. IV. c. 13. v. 31.

Ridbag, Riddagshausen, Riedlingen, Rüden-
hausen, Rüdersdorf, Rüdesheim, Rothweil,
Rothmünster, Rothalben, Rotenburg, Rutland,
Ost- West- und Nord- Riding in York Shire ꝛc.

Redalf, und umgekehrt Alf-red, (wie Gan-
golf und Wolfgang, Bertram und Rambert, In-
gelram und Remlingen, Camden und Dûncâm,
Waldemar und Mirabaud ꝛc.); — ferner: Ru-
dolf, (wovon Rudolstadt, eigentlich Rudolfstadt),
Radulf, Radlef, Rodlof, Roloff, Rolf, Ralph,
Rollo, Roux, (zusammengezogen, wie Dierk aus
Dietrich, Matts aus Matthias, Lahrs aus Lau-
rentius, Gert aus Gerhard, Kurt aus Kunrad,
Kjel aus Kettel, Bengt aus Benedict, Niels aus
Nicolaus, Klas, ebendaraus).

Radbard, Rodbert, Robert. — Radeke.
Radegast. Radsburg, woraus Ratzeburg. Radmund. Radstock. Radwig.

Rutland, Rodland, Roland (nicht von
Rugeland), Orlándo. Rurik, Rörik, Rodrich,
Roderigo. — Reder, Röder, Ruyter. Ret-
berg, Rietberg. Retemeyer, Reitemeyer. Rie-
del, Rödel. Riedesel. Rüdiger, Röttger. Rüthling, Rüling, Röding. Rudenskiold. Rudbeck.
Reuterholm.

Bärenreut. Kalkreuth. Pfützenreut. Ethel-red; Aldred. Tankred, von Tang-red. Astrid. Ingrid. Gertrud, Gert-rud (von Gert oder Gerd, eine Ruthe, z. B. Ingegerd). Heinroth. Klapproth. Dachröden. Westenrieder.

In den beiden Namen Kunrad oder Konrad, und Vollrad, müßte Rad geschrieben werden: Rath. Da Rat (Rath) auch eine Rathsver-sammlung anzeigt [1]), so haben Kunrat (von Kun, Stamm, tribus §. 31.) und Vollrat, eigentlich Volkrat (wie Volkmar, Vollmer), — einerlei Bedeutung. Beides heißt nämlich Stamm- oder Volks-Versammlung. Daher wird Kunrat auch übersetzt durch Volksbündniß [2]).

XXI.

Insel:

1) Ey [3]), Eg, Ay, Oy, Oe, E.

§. 50.

Eirik, Erik. Edam. Ewald. Eyling, Egling, Eggeling. Oynhausen. Eynhart, Eginhart, Eg-gert, Eggers. Eglof. Egmont.

1) Schilter, p. 673.
2) Shaw, v. Cunnradh.
3) Worm, Lex. R. p. 30.

Ramsay. Berkley. Stanley. Harvey. Jersey. Guernsey. Björk=ö. Malm,ö. Wisings=ö ꝛc.

2) *Holm.*

§. 51.

Holland, aus Holmland. — Holger, aus Holmger. Holberg, aus Holmberg. Holmfried. Holmgard. Holmskiold. Holum (auf Island).

Bastholm. Drottningholm. Reuterholm. Stockholm.

XXII.

Waldung:

1) *Hein, Hen.*

§. 52.

Hein =mar, Helmar. Heinaß. Heindorf. Heine. Heinemann. Heinisch, Henisch, Jenisch (§. 1.), Hanisch, Heinitz, Heinz, Heinze. — Heinken, Heineke, Heinéccius, Hennike, Jenike (§. 1:) — Heinrich, Henrich, Jenrich. Heinroth. — Henning.

Stämmhein [1]). Buchhain; Bouchain.

---

[1]) Eccard Hist. stud. etymol. p. 168.

2) *Lund, Lond.*

§. 53.

Lund. London. Erlund. Charlottenlund.

XXIII.

Waldiger Bergrücken:

Os, Ås (Schwedisch), *As.*

§. 54.

Osnabrück. Westerås. Osbert. Osmund.
Oswald. Osward. Osfeld, Oesfeld, Ausfeld.
Åsa. Åsbjörn. Asburg, Asseburg, Asperg.
Osgar, Osger (Oschersleben), Oßker, Uscher.

XXIV.

Vermischte Dinge.

I.

Die vermittelnde Gottheit in der Odinschen Religion:

Thor, Tor, Dor.

§. 55.

Thormod. Thorsmund, Dortmund. Dorenburg. Thorlak. Thorlaf, Thorlalf, Thurlow, Turlough. Torbern. Torstensksold. Tho-

rung, Döring, Düring, Thüringen, Theruingen. Dieser Name der vorzüglichsten Westgothischen Völkerschaft bedeutet also: Thors-Abkömmlinge (vergl. §. 34.)

2.

Diener:

Scalk [1]), *Schalk, Schall, Shaw.*

§. 56.

Engelschall. Gottschalk. Marschall. Huldschalk, d. i. ein Diener, der die Huldigung geleistege [2]), und Hickes [3]) keine befriedigende und ungezwungne Erklärung gegeben.

3.

Stab, Staf.

§. 57.

Gustaf, aus Gutstaf. Falstaf. Rellstab.

[1]) Junius, p. 304. — Schilter, p. 707.

[2]) T. III. p. 799.

[3]) Gramm. franc. p. 97. 98.

4.

Kessel:

Kettel, Kjel [1]*, Kil.*

§. 58.

Kettelmund. Kettler. Kiel. Kielmannsegge.
Eskil. Stenkil.

5.

Stein:

Sten, Stan, Ston.

§. 59.

Stenkil. Stenbok. Steinbart. Steinbek.
Steinbrük. Steinhof. Steinkopf. Stanley.
Adelstan. Halstan. Blakston. Thorstenskiold.

6.

Von der Endung atz.

§. 60.

Alle Wörterbücher und etymologische Werke
schweigen von dieser Endung. Wahrscheinlich ist
atz, eigentlich ats, durch eine Buchstaben-Ver-
setzung, aus Ast entstanden. Wenigstens scheint
diese Vermuthung dadurch gerechtfertigt zu werden,

---

1) Hervarar Saga, p. 181. unten.

daß die Namen auf atz, in ast verändert, einen guten Sinn geben. Nämlich:

Helnatz, d. i. Wald-Ast; — Hollatz, d. i. Hügel-Ast; (denn Holl, Hill, heißt Hügel [1]), davon Hollstein); — Tangatz, d. i. Tannen-Ast; — Krusatz, Kruz-atz, d. i. Kreutz-Ast; — Ignatz, Ingen-Atz, d. i. Junger Ast. — Donatz, d. i. Wasser-Ast.

7.
Von der Endung itz.

§. 61.

Auch über diese so häufig vorkommende Endung habe ich nirgends etwas gefunden. Ein Beweggrund für die Sprachforscher, den folgenden Versuch mit Schonung aufzunehmen.

Drei Bemerkungen sollen mir den Weg bahnen, den vermuthlichen Ursprung der End-Sylbe itz ausfindig zu machen.

1) Wenn ein Name anzeigen soll, daß Jemand der Sohn von Einem sey, so wird dies bekanntlich in mehrern Sprächen dadurch ausgedrückt, daß man das Wort, welches Sohn heißt, an den Namen des Vaters

[1] Worm, Lex. R. p. 54.

anhängt; z. B. im Russischen witz; im Schwedischen und Englischen son; im Holländischen sen, (als Mackensen, Petersen, Michelsen). — Hingegen im Lateinischen und Deutschen steht blos der Name des Vaters im Genitiv, wobei Sohn hinzugedacht werden muß; als: Adami, Conradi, Fabri, Friederici, Caspari, Jacobi, Jani, Pauli 2c. Adams, Anders, Arends, Bartels, Berends, Eggers, Ehlers, Hennings, Jakobs, Lüders, Meiners, Willmanns, Tetens 2c.

2) Im Alt-Germanischen endigten sich viele Genitiven der einfachen Zahl auf is; besonders an Fürwörtern und eigenen Namen; z. B. Himinis, des Himmels [1]); Gauris, des Traurigen [2]); Cuningis, des Königs [3]); Sconis, des Schönen [4]); Ainis, eines [5]); Antharis, eines andern;

---

1) Hickes, gramm. Angl. sax. Mösogoth. p. 14.
2) Daselbst, p. 19.
3) Derf. gramm. Franc. theot. p. 14.
4) Daselbst, p. 20.
5) Gr. Angl. p. 29.

dern [1]); Unſaris, unſers [2]); Mei-
nis [3]), Minis [4]), meines; Thinis;
deines [5]); Sinis, ſeines [6]); der Wind
Gottis ſchwebet auf dem Waſſer [7]).

3) Die Sylbe is oder iß iſt oft in itz übergegangen. Man ſieht dieſes Theils an einigen Wörtern, die ſowohl mit is (iß), als
mit itz geſchrieben werden; z. B. Horniß
und Hornitz; Stieglis und Stieglitz; Kiebis
und Kiebitz; — Theils an gewiſſen Wörtern, die zu Einem Stamm-worte und unter
Einen Stammbegriff gehören, von denen aber
das eine mit ß, das andere mit tz geſchrieben wird; z. B. Schweiß, Schwitzen; Riß,
Ritze; Spieß, Spitze.

[1]) Gr. Angl. p. 30.

[2]) Daſelbſt p. 21.

[3]) Ebendaſelbſt.

[4]) Gr. Franc. th. p. 28.

[5]) Daſ. p. 32.

[6]) Daſ. p. 35.

[7]) Eine Ueberſetzung des A. T. v. J. 1523.

Nun ist mir in Ansehung der Endsylbe iß an
den eigenen Namen, Folgendes wahrschein=
lich. Iß ist der Genitiv, und bedeutet:

1) An den Namen von Menschen: daß Je=
mand des Genannten Sohn oder
Nachkomme sey; z. B. Seidlitz, Seid=
lis, d. i. Seidel's Sohn. Heinitz, Heinis, —
Heine's Sohn. Lüderitz, Lüderis (Lüders)
— Lüder's Sohn. Wilknitz, Wilknis,
(Wilkens, Wilkins) — Wilken's Sohn.
Grävenitz, Grävnis, — Gräve's Sohn.
Apitz, Opitz, Apis, — Apis, d. i. Bie=
nen=Sohn. Leib'nitz, Leiwnis, Löwnis,
— Löwen's Sohn. — Kaunitz, Kunitz,
d. i. Kun's Sohn. — Der Name Salis
ist geblieben, ohne in Salitz verändert
worden zu seyn.

2) An den Namen von Orten: daß der Ort
dem Genannten gehöre; z. B. Stre=
litz, d. i. Strel's Besitzung; Volkmaritz,
Volkmar's Besitzung; Rochlitz, Rochel's
Gut; Kunitz, Kun's Gut; Madlitz,
eines Mädchens Gut. — Doch ist in einigen
Orts=Namen von Gegenden, wo Slaven

gewohnt haben, das iß von dem Slavischen ic oder iec; z. B. Chemnitz, so viel als Kamieniec und Kamenz.

3) An den Namen von Flüssen: daß der Fluß zu der Besitzung des Genannten gehöre; z. B. Pegnitz, Rednitz.

Dieser Genitiv is hat, außer der gewöhnlichen Veränderung in iß, noch vier andere, jedoch seltnere, erfahren:

1) isch; als: Hanisch; Mulisch; Larisch, d. i. Lahrs (Laurentius) Sohn.

2) itsch; als: Gleditsch.

3) itt; als: Auritt, Berlitt, Gurlitt.

4) z; als: Heinz, aus Heinis, Hein's; Kunz, aus Kunis, Kun's; Golz, aus Golis (Gaulis, Gallis) d. i. eines Gallen Sohn. — An dieses z ist in einigen Namen noch ein e gehängt worden; als: Heinze, Kunze. — Auch das Wort Gränze ist auf diese Weise entstanden, nämlich aus Gränitz.

III. 4.

Etymologiſche Verſuche über die Namen der vorzüglichſten älteſten Keltiſch-Germaniſchen Völker und Heerführer.

Da die eigenen Namen der Völker und Heerführer die vorzüglichſten Spüren ſind, die ſich aus der Sprache der älteſten Weſt- und Südweſt-Europäiſchen Nationen erhalten haben; dieſe Namen aber unſtreitig aus der Landesſprache hergenommen ſind: ſo ſcheint es mir das einzige Mittel zu ſeyn, ſich an dieſelben zu halten, wenn man ausforſchen will, welche Sprache jene Völker geſprochen haben. Zur Unterſtützung der Meinung, daß die Keltiſchen oder Weſt- und Südweſt-Europäiſchen Nationen, mit den Germaniſchen oder Mittel- und Nord-Europäiſchen, Eine Grundſprache geſprochen, mithin zu Einem Volksſtamme gehört haben, brauche ich eigentlich blos Namen von Keltiſchen Völkern und Heerführern anzuführen, und zu zeigen, wie eben dieſelben auch in der Germaniſchen Sprache einheimiſch ſind. Ich werde aber doch, zur Vergleichung, auch Namen von Germaniſchen Nationen mitnehmen.

Bei einiger Aufmerkſamkeit auf die Namen der einzelnen Keltiſch-Germaniſchen Völkerſchaften, findet man bald, daß es hauptſächlich folgende Gegenſtände geweſen ſind, nach denen ſie ſich am häufigſten genannt haben:

a) Gewäſſer.

b) Lage des Landes.

c) Beſchaffenheit des Landes und der Wohnungen.

d) Krieg, Kampf, Sieg, Rüſtung.

e) Stamm (Tribus).

f) Thiere.

Was die Heerführer betrift, ſo hieſſen ſie meiſten Theils Anführer oder Befehlshaber, mit irgend einem Beiſaße.

a.

Gewäſſer:

Don, Dan, und *Ak; Aks.*

(Vergl. §§. 46. 47.)

Ich faſſe den Haupt-Inhalt dieſer Nummer in folgende drei Säße:

1) Die Kelto-Germanen, welche in der Nähe des Meeres, oder eines großen Fluſſes, wohnten, nannten gewöhnlich ihre Wohngegend

nach dem Gewässer; und bedienten sich dabei
der Wörter Don und Ak. — Diesen Na=
men des Landes trugen die Griechen und
Römer auf die Bewohner selbst über.
2) Das Küstenland zu beiden Seiten
des Kanals (Pas de Calais) führte gleichen
Namen; es hieß nämlich: am hellen Was=
ser. Auf der Einen (Französischen) Seite
Hell = don, oder, wegen der schwierigen
Aussprache des H, (§. 1.), Kel = don;
auf der Andern (Englischen) Seite, Briht=
don; von dem Kimbrisch = Angelsärischen
Worte Briht, hell¹), und Don, Dan,
Gewässer (§. 46.) Den letztern Namen
führten jene, aus Belgien nach England
übergegangenen Kimbern, aus Nachahmung,
ein. (Vergl. oben II. 2. b.) Er ist sowohl
mit Brydone, als mit Clarendon, dem
Sinne nach, derselbe Name. Wie der Name
Briht = dan, Brittan, in der Folge der gan=
zen Insel beigelegt worden ist; so dehnten
auch die Phönizier und Griechen, die blos
die Küsten des westlichen Europa kennen lern=
ten, aus gänzlicher Unkunde der Sprache

¹) Lye.

und des Binnenlandes, den Namen Keldon
(Κελτοι, Κελται) auf alle, ihnen unbekannte
Völker im Osten des Atlantischen Meeres, aus.

3) Die Wörter **Kelten** und **Gallen** sind
zwey Modificationen von **Keldon.** Man
sehe den folgenden etymologischen Abriß.

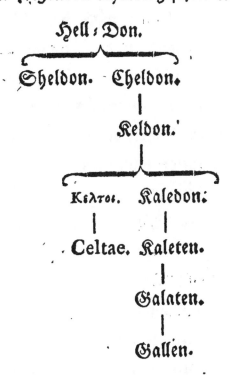

Der Name der **Kaledonen** auf Albion [1],
und der **Kaleten** in Belgien [2], ist augenscheinlich Einer und derselbe. Beide Gestalten des
Worts sind von Wichtigkeit, weil sie gleichsam

[1] Dio Cassius, l. 76. 12. T. II. p. 1280.

[2] Caesar, d. b. G., II. 4. et VIII. 7.

den Uebergang machen, und an ihnen zu fehn ift, wie Galaten oder Gallen aus Heldon hat entftehn können.

Im weftlichen Europa, zu beiden Seiten des Kanals, waren alfo vier Völkerfchaften (Kelten, Kaledonen, Kaleten, Brittanen); deren Land nicht nur überhaupt nach dem Gewäffer be= nannt war, fondern auch insbefondere den Na= men: am hellen Waffer, führte. Weiter nach Südweften, befonders jenfeit der Pyrenäen, war die Gewohnheit noch allgemeiner, die einzel= nen Landfchaften nach dem Meere oder den Strö= men, zu benennen; wozu das Atlantifche und Mittelländifche Meer, und der Tago und Ebro, genug Veranläffung gaben. Das Alte Kelto = Ger= manifche Wort Don, das man dabei gebrauchte, ward hier durchgängig Dan, und von härtern Organen Tan (wie in Tanais), ausgefprochen. Die Dan = monen, d. i. See = Männer, im füd= lichen England [1]), find fchon oben (§. 46.) er= wähnt worden. — Am bekannteften find folgende hierher gehörende Namen von Provinzen, die aus Misverftande fämmtlich auf die Bewohner felbft übergetragen worden find:

[1]) Ptol. I. 3.

—Aqui-dán, Karpe-dan, Ore-dan, Ja-
ke-dán, Vesci-dan, Ause-dan, Lale-dán,
Köse-dan, Ede-dan, Lobe-dan, Türde-
dan, Basti-dan, Lusi-dan. Vergebens
würde man sich bemühen, diese Namen von der
Griechisch-Römischen Form zu entkleiden, und
das verderbte Keltisch-Germanische Wort wieder
her zu stellen. Genug, daß man die End-Sylbe
Dan für Kelto-Germanisch erkennt, und aus dieser Zusammensetzung schließen kann, daß die vor-
dern Sylben aus derselben Sprache seyn müssen.
Blos von dem letzten Namen, Lusidan (Lusitanien), wage ich eine Etymologie. Das i ist nach
Römischer Weise eingeschoben, (wie in Herigar,
Heriold, Eridanus, Willbald ꝛc.) Es bleibt also
übrig Lus-dan. Dieses ist vielleicht zusammengezogen aus Lugs-dan (Lugdunum), d. h.
Raben-Wasser; denn Lug hieß im alten Kel-
to-Germanischen Rabe [1]).

Wie man, anstatt Don-, auf der Pyrenäischen
Halb-Insel gemeinhin Dan (Tan) sagte; so
sprach man dieses Wort in verschiedenen Gegenden
von Belgien und dem heutigen Frankreich, Dun,
aus. Ich äussere hier zuvörderst eine Vermuthung

---

[1] Plutarch, de fluviis, tit. Arar.

in Ansehung des Namens der Garumna (Garonne): es ist dieses vielleicht eine verderbte, Römische Aussprache von Gardune, d. i. Spieß-Wasser (§. 10.). Wie also wahrscheinlich der Name dieses Flusses Kelto-Germanisch ist, so ist es auch der, des benachbarten Dordona-Flusses, (Dordogne), den ich durch Dor's-(Thor's-) Wasser, erkläre; also für gleichbedeutend mit Thorlak, Durlach, halte. (§. 47.) — Hierher gehören ferner die Namen: Sedunen [1]), entstanden aus Sieg-dun; Seg-dun, d. i. Siegswasser, (wie Sebald aus Siegwald). In dem gleichbedeutenden Namen der Stadt Segodunum hat sich das G erhalten. — Conetodunus [2]), der Name eines Heerführers, ist rein Kelto-Germanisch, und heißt: Stamm-Gewässer, von Kon, Kun, Stamm. (§. 31.)

Ich komme jetzt auf den Namen der Rhedonen, welche Völkerschaft Cäsar ausdrücklich an den Ocean (im Nordwestlichen Frankreich) setzt [3]). Es ist dieses ebenfalls eigentlich der Name einer Provinz; zusammengesetzt aus Red,

---

[1) Caesar, d. b. Gall., III. 1.
[2) Ibid. VII. 3.
[3) Ibid. II. 34. VII. 75.

Schilf, (§. 49.) und Don, Gewässer; also
Schilfwasser. Ich glaube nicht zu irren,
wenn ich den Namen der Rutenen [1] gleichfalls
ursprünglich für den Namen einer Fluß-Gegend
halte, ihn Rut-den, Rut-dan, schreibe, und
mit Red-don für einerlei halte. Eben denselben Namen (Rohrwasser) führen auch zwey Flüsse:
Rhod-dan (Rhodanus, Rhone); und die
Red-daune bei Danzig. Die Benennung
Schilfwasser paßte auf mehrere Flüsse und
Meerbusen.

Endlich noch von den Namen Santonen [2],
Teutonen, Guttonen. Wie aus Dan, hart
ausgesprochen, Tan, (z. B. Tanais), geworden
ist: so aus Don das rauhere Ton. Mit Beziehung auf den ersten der drey Sätze, zu Anfange dieser Nummer, erkläre ich den Namen Santon
durch Sand-don, d. i. Sandwasser; Teuton
durch Theud-don, d. i. Volkswasser; Gutton
durch Gut-don, d. i. Gut-Wasser. Den letzten Namen führt noch ein kleiner Fluß bei Randers in Jütland, welcher jetzt Guden geschrieben wird.

[1] Caesar d. b. G. VII. 7.
[2] Ibid. I. 10.

Anstatt D o n, D a n oder D u n gebrauchte
man auch nicht selten das Wort Ak, Aks, (Ax),
wenn eine Landschaft nach dem nächsten großen
Gewässer benannt werden sollte. Zwar erwähnen
die alten Schriftsteller nicht viele, mit Ak zusammengesetzte, Namen; desto häufiger aber ist diese
Endung noch jetzt an Französischen Orts-Namen.
(§. 47.) Von denen, die bei den Alten vorkommen, führe ich blos diese an: R á u r - a k, d. i.
Rohrwasser, am Ober-Rhein; M a r s - a k,
d. i. Pferdewasser, an der Nordsee in Westfries-
land; S e g o n s - a k, (§. 8.) d. i. Siegswässer, am
am Kanal, auf der Südküste von Brittanien [1]);
S e g o n - a x [2]), ist dasselbe, so viel als S i e g s -
w a t e r; B i b r - o k, der Name eines Volks an
der Südküste von Brittanien [3]), ist einerlei mit
dem Namen der Stadt B i b r a x in Gallien [4]).
(Dieselben Namen sind auch Bibrach und Bibra).
Divitiacus [5]) wäre vielleicht durch D i e v s - a k,
d. i. Tief-Wasser, zu erklären.

[1]) Caesar, l. c. V. 21.
[2]) V. 22.
[3]) V. 21.
[4]) II. 6.
[5]) I. 3.

Lage des Landes.

Wie das Wort Don (Dan, Dun) in den Sprachen aller westlichen, südwestlichen, mittlern und nördlichen Völker des alten Europa angetroffen wird: eben so allgemein ist ein anderes Wort, das auch als Name mehrerer Völkerschaften und Heerführer gebraucht worden ist: Ober oder Über, mit folgenden Veränderungen in der Aussprache: Yfer, Angelsächsisch [1]); Iwar und Itwar, Skandinavisch; (der Name einiger Schwedischen und Norrwegischen Prinzen); Yver, Iber, Eber, Ebor, Epor, Ebur, Aber. — Davon lassen sich verschiedene Namen herleiten und erklären; als:

Eburonen [2]) und Iberen, von der Lage ihrer Wohngegend die Obern genannt. Eben so die Lusitanische Stadt Ebora, Evora.

Kant-Aberen, d. i. die im Lande oben, die Oberländer, (an den Pyrenäen). Von Kant, Kind, d. i. Landschaft (§. 31.)

[1]) Lye, v. Yfer.

[2]) Caesar, d. b. G., II. 4.

Mit dem Namen Ober sind auch sowohl Seen und Flüsse hoher Gegenden, als einige daran liegende Städte und Provinzen, belegt worden; als: der Ebro, Iberus, d. i. der obere, nämlich Fluß; — Yverdun, Ebrodunum, Schottländisch Aberdeen, d. i. Ober=Wasser; — Eborsak, im Englischen verderbt York, im Französischen Evreux, heisst ebenfalls Ober= Wasser.

Auch von Ireland ist der älteste bekannte Name Yverdon, also rein Kelto=Germa= nisch. Bei dieser Gelegenheit eine etymologische Folgereihe der Namen dieser merkwürdigen Insel:

Yverdon, d. i. über dem Wasser, oder jenseit des Meeres (outre mer): so nann= ten sie zuerst die Brittanen in ihrer Sprache.

Iverna, abgekürzt; die drüben liegende: so heisst sie bei Mela [1]).

Hibernia, aus Iverna gemacht.

Iberia, ebenfalls; so nennt sie der Verfasser jenes, dem Aristoteles zugeschriebenen Werkes de Mundo [2]).

[1]) III. 6.

[2]) S. 79. s. oben, II. 2. b.

Jerna, Jerne, Jernis: Verstümmelungen von Iverna. "Die erste Schreibart gebraucht der Verfasser des Werkes de Mundo [1]); die zweite Claudian [2]); die dritte der Verfasser der Argonautika [3]).

Inis ealga, d. i. edle Insel [4]); auch vorzugsweise Inis, die Insel: so heißt sie bei den Einwohnern selbst. Daraus, hat Diodor v. S. Iris gemacht [5]).

Erin, heißt auch im Irischen Insel: daraus ist Erinland, Jreland, entstanden!

─────

Ein anderer Volks-Name, von der Lage des Landes hergenommen, ist Chauci. Ich glaube dieses Wort für das Alt-Germanische Hauken, halten zu dürfen. Die Völkerschaft der Hauken, d. i. Hohen, hatte nämlich, wie zu vermuthen ist, vormahls auf dem Harze und weiterhin in den Waldekschen Gebirgen gewohnt; von dieser

[1] S. 77.

[2] In laudes Stilichonis, um die Mitte.

[3] Vers. 1179. Ed. Hamberger, p. 156.

[4] Shaw.

[5] V. p. 355.

Gegend den Namen die Hohen, geführt; und denselben beibehalten, als sie in die Ebenen von Halberstadt, Magdeburg, Braunschweig, Hildesheim, Bremen, ꝛc. hinabzogen.

Markomannen, d. i. Gränzbewohner, ist gleichfalls ein hierher gehörender Name.

c.

Beschaffenheit des Landes und der Wohnungen.

Heneten, d. i. Hein=Bewohner, Waldvölker. (§. 52.) Ich halte die, von Strabo [1]) beobachtete Schreibart Heneten oder Hueneten, (bei Herodot Eneten), für die eigentliche und älteste; woraus Tacitus und Ptolemäus Wenden gemacht haben. — Waldleute ist ein sehr allgemeiner Name; der auf mehrere Germanische Völkerschaften paßte; es können ihn daher gewisse Stämme sowohl in Belgien und am Adriatischen Meere geführt haben, wohin Strabo die Heneten setzt; als auch an der Ostsee, wo, nach Tacitus und Ptolemäus, die Wenden wohnten.

Tenk=

[1]) IV. 297. — V. p. 325. — VII. p. 462. — XII. p. 819.

Tenktern, scheint mir aus Tängern, Tangern, (Tungern) verderbt, und von dem Aufenthalte in Tannenwäldern hergenommen zu seyn.

Bruktern, Bewohner eines Bruchs, d. i. einer feuchten Niederung [1].

Bojer ist von dem Keltisch-Germanischen Worte Bur oder Bor, nach einer trägen, gedehnten Aussprache Boër, d. i. Hütte, Zelt (S. 35). Daraus ist Bojer geworden, welches also Zeltvölker bedeutet. Wieder ein allgemeiner Name. Es führten ihn besonders zwei große Volkszweige, die ausdrücklich zu den Kelten gerechnet werden [2]: der Eine wohnte im nördlichen Italien [3]; der andere zuerst im Westen des Ober-Rheins, drang aber in der Folge über diesen Fluß bis nach Bayern (Bojern) [4], das davon den Namen hat, und verbreitete sich Theils bis in das heutige, gleichfalls davon benannte Böhmen [5],

---

[1] Lye, v. Broc.

[2] Appian, de rebus Gallicis I. T. I. p. 71.

[3] Strabo V. p. 325. 330.

[4] Caesar, d. b. G., I. 5.

[5] Strabo VII. p. 449.

(Bojerheim), Theils bis in den Norden der Nieder-Donau [1]).

d.
Krieg, Kampf, Sieg, Rüstung.
(Vergl. §. 3.)

Germanen, verderbt aus Hermanen, d. i.
Kriegsmänner. Ein nicht unwichtiger Beitrag
zur Unterstützung meiner Meinung von den Kelto-
Gallen und Germanen, ist der Umstand, daß die
Gallen es waren, die zuerst diesen, aus ihrer
Sprache hergenommenen, allgemeinen Na-
men dem östlichen Zweige des Ur-Europäischen
Volksstammes beilegten. Wegen der schwierigen
Aussprache des H sagten sie Chermanen, (wie
Cherusci), woraus Cäsar, der diesen Namen
von ihnen erfuhr, Germanen gemacht hat.

Hermionen ist mit Germanen gleichbedeutend; also blos eine andere Aussprache von Her-
mannen.

Hermundur, d. i. Kriegs-Helfer (§. 22).
Die Endung ur ist Alt-Skandinavisch-Gothisch.

[1] Strabo VII. p. 449.

Heruſchen, Cherusci. Was Uſch oder
Uſk bedeute, weiß ich noch nicht. Es iſt aber gewiß ein uraltes Kelto-Germaniſches Wort, das
noch zweyen andern Völkerſchaften als Name
diente: den Auſchen oder Ausken in Gallien [1]);
und den Oſchen oder Osken in Italien, einem
wahrſcheinlich Galliſchen Volke, das Dionyſius von
Halikarnaß unter den erſten Bewohnern Italiens
anführt.

Burgunden, d. i Zelt-Krieger. (§§. 35. 4.)

Hedui [2]) iſt vermuthlich aus Hedwig, d. i.
Zaun-Streiter, (§§. 7. 36. Anmerk. d.) gemacht.
Oft iſt bei Hed das H weggelaſſen worden. Da-
her ſchreibt Cäſar Aedui, eigentlich Edui.

Kimbern. Obgleich der Name dieſer Völker-
ſchaft von allen in dieſer Schrift vorkommenden,
derjenige iſt, über welchen ich am längſten nachge-
ſucht und nachgedacht habe; ſo bin ich doch am
Ende auf die bekannte Erklärung zurückgekommen,
nach welcher Kimber mit dem Deutſchen Kämpfer einerlei iſt. Der Hauptgrund, der mich be-
ſtimmt, dieſe Erklärung für die richtige zu halten,
iſt folgender. Ich habe einige Namen geſammelt,

[1] Caesar, d. b. G., III, 27.
[2] Plinius, hist. nat. IV. sect. 52.

Q 2

in welchen die Sylbe Camp (Camb, Cumb)
vorkömmt: Sikamber, die bekannte Germanische Völkerschaft neben den Kimbern, zwischen
der Elbe und dem Rheine [1]); Cambrai, in
den Niederlanden; Cambria, das Fürstenthum
Wales; Cambridge, in England; Cumberland, ebendaselbst; Cambden, eigentlich
Campdun, Campodunum, (wie Verden, aus
Verdun, Verodunum); Duncamp; Camper; Campbell, wahrscheinlich einerlei mit
Cambaul, dem Namen eines Galatischen Heerführers [2]).

Der Umstand ist von Wichtigkeit, daß die angeführten Namen, selbst die Familien-Namen,
(Cambden, Duncam, Campbell, Camper), blos
in den Niederlanden und in England
einheimisch sind. Gerade diese Länder sind
es, in welchen sich, zufolge der oben (II. 2. b.)
entworfenen Erzählung, jene ausgewanderten
Kimbern niederließen. Kimber, Kymber,
Kumber ist unstreitig aus Kamber verderbt.
Wenn also das, aus Schleswig und Hollstein

1) Strabo VII. p. 446. 451.
2) Pausanias, Graeciae descr. Phocica. C. 19.
  p. 212.

vordringende, streitbare Volk eigentlich **Kamber**
hieß: so wird es erklärlich, wie gewisse Landschaf=
ten, Städte und Familien in den Niederlanden
und in England, zu diesem Namen gekommen
sind. — **Kamber** ist wieder die welche südlän=
dische Aussprache von dem Nordischen **Kampar**,
d. i. Kämpfer, von dem alten Keltisch=Germani=
schen Worte **Kamp**, d. i. Streit [1]).

Diesem nach lassen sich die erwähnten, mit
Camb oder **Camp** zusammengesetzten, Namen,
leicht erklären. Sie sind nicht unmittelbar von
dem Begriffe **Kampf** oder **Kämpfer**, sondern
zunächst von dem Volke hergenommen, das diesen
Ehren=Namen führte; so wie in den Gegenden
von Europa, wo Slaven wohnen oder gewohnt
haben, die Namen vieler Städte und Personen
sich mit **slav** endigen, welches aber nicht zunächst
berühmt, sondern **Einen** von der Nation
der **Slaven**, anzeigen soll; oder wie es viele
mit **Theud, Deut, Diet** ꝛc. zusammengesetzte
Namen giebt, in denen dieses Wort nicht unmit=
telbar den abstrakten Begriff: **Volk**, bezeichnen,
sondern auf diejenige Germanische Nation gehn
soll, welche sich schlechthin **das Volk** nannte.

[a]) **Lye.** nach Beda 3. 2. 24.

Sikambern, aus Sieg-Kambern, bei
Cäsar Sigambern, heißt also Sieges-Kämpfer;
— Cambrai, Kämpfer-Wasser; Cambria,
dasselbe; Cambridge, Kämpfer Brücke; Cumberland, Kämpferland; Cambden, Kampf-
wasser; Duncamp, Wasserkampf; Campbell
und Cambaul, Kampfglocke, (von Bell, Glocke,
Schelle [1]); Camper, Kämpfer.

Ich komme jetzt auf die Namen Bigerro-
nen [2], Branoviken [3] und Branoven [4].
Es scheint mir, als wäre der erstere das Römisch
geformte Alt-Germanische Wort Wiger, d. i.
Streiter (§. 7.). Diesen Namen führte unter andern der bekannte Schwedische Richter Wiger
Spå, der den Grund zu dem berühmten Uplän-
dischen Gesetzbuche gelegt hat. Branowik halte
ich für das veränderte Brunowig, d. i. Panzer-
Streiter (§§. 16. u. 7.); und Branoven ungefähr für dasselbe.

Longobarden ist augenscheinlich von Lang,
und Bard, d. i. Streit-Art (§. 9).

[1] Lye.
[2] Caesar, III. 27.
[3] VII. 75.
[4] Ebendaselbst.

Saxen, von dem Nordgermanischen Worte Sax, ein Dolch [1]). Weil in der Runenschrift kein X vorhanden war, drückte man dasselbe durch HS aus [2]); schrieb also Sahsen, woraus Sachsen geworden ist.

e.

Stamm, Tribus.

(Vergl. §. 31.)

Kunen oder Konen, d. i. die Stämme; ein Kelto - Germanischer Volkszweig in Lusitanien [3]).

Kuneten, Kyneten, Kynesen [4]); derselbe, nur etwas veränderte Name. (S. N. f. bei Helveten).

Kenomanen, d. i. Stämm-Männer. Unter diesem Namen kommen zwei Volkszweige vor:

1) Worm, Lexic. Run. p. 111.

2) Ejusd. Literatura Runica, p. 60.

3) Polybius, X. 7. — Appian Hispan. 57. 26. — Strabo III. p. 209.

4) Herodot, Wesseling, l. IV. p. 303. l. II. p. 118.

einer in Gallien ¹); der andere im nördlichen
Italien ²).

Cenimagni, der Name eines Brittanischen
Volks ³), ist vermuthlich mit Kenomanen
einerlei.

f.

Thiere.

Aduaten, Adiaten, d. i. Enten ⁴). Diese
Völkerschaft, zu Cäsars Zeit in den Niederlanden
wohnhaft, gehörte zu den Nachkommen jener, aus
Schleswig und Holstein ausgewanderten Kimbern ⁵).

Remen, Ramen, d. i. die Widder (§. 44.);
auch ein Niederländisches Volk ⁶).

Marsen und Marsingen ⁷), d. i. Pferde,
und Pferde-Jungen. (§§. 42. 34.)

---

¹) Plinius, Hist. nat. IV. sect. 32.

²) Strabo V. p. 330.

³) Caesar, V. 21.

⁴) Leibnitz, Collect. etymol. Ed. Eccard. Darin:
Glossarii Celtici specimen. In den sämmtlichen
Werken, Genf 1768. 4. T. VI. P. II. p. 98.

⁵) Dio Cassius, l. 39. p. 191.

⁶) Caesar, II. 3.

⁷) Tacitus, Germ. c. 43.

Von dem Namen der Hélvéten, nicht (Helve-
tier) lege ich der Prüfung des Lesers eine Etymo-
logie vor, die mir nicht sonderlich gewagt scheint.
Zuvörderst führe ich an, daß im Narbonensischen
Gallien ein Volk unter dem Namen Helve
(Helvii), vorkömmt [1]. Diesen Namen halte
ich mit Hélvéten für Einen und denselben; so
wie Kunen und Kuneten einerlei ist. Die End-
Sylbe et, als: Hélvét, Hénet, Kunet, Nemét,
Hamlet, Bécket ꝛc. findet sich an verschiedenen Alt-
Germanischen Wörtern. Das Resultat einiger
Nachforschungen darüber ist folgendes. Die Ver-
wandlung des s in t ist in gewissen Mundarten
der Germanischen Sprache von jeher gewöhnlich
gewesen; z. B. Patient; Delinquent; Regent;
Student; Kettler, Statt Keßler; etwas, (von
es und was) ꝛc. Es ist bereits oben (III. 2.)
mit mehrern Beispielen belegt worden, daß sich
im Altgermanischen viele Wörter mit s endigten;
war dieses der Fall bei einsylbigen Wörtern;
so wurde gewöhnlich das s in't verändert, und,
aus Bequemlichkeit der Sprach-Organe, vor
dasselbe ein e eingeschoben, so daß das Wort

[1] Caesar, VII. 7.

zweisylbig ward, und sich auf et endigte. Ich
zeige dieses an einigen Beispielen: aus Drotts
ist Drotset geworden (s. oben: III. 2.); aus
Bécks, d. i. Bach (§. 48.), Bécket; aus
Barns (Berns, Berends) d. i. Bär, (§. 41.),
Barnet; aus Burns, Burnet; aus Lops,
d. i. Wolf, (§. 40.), Lópet, und daraus das
Westgothisch = Spanische Lopez; aus Frérs
(Freyers) Freret.

Eben so ist das Wort Hélvet blos eine träge,
ziehende Aussprache von Helvs (Helvt, Helvet);
und mithin führten die Helve, die im Narbo=
nensischen Gallien wohnten, gleichen Namen mit
den Hélvéten, deren erste Sitze unter andern
in der heutigen Rheinpfalz waren [1]). Nun kömmt
es blos darauf an, was Helve heisse. Der Le=
ser erinnere sich an die oben (§. 1. gegen das Ende)
gemachte Sprach = Bemerkung; das ehemahls in
gewissen Gegenden des Keltisch = Germanischen
Europa vor mehrern Wörtern, deren Anfangs=
buchstabe jetzt ein W ist, noch ein aspirirendes H
zu hören war. Manche von diesen, mit Hw an=
fangenden Wörtern, hatten in der Folge das
Schicksal, daß einer von beiden Buchstaben in der

[1]) Tacitus, Germ. c. 28.

Aussprache wegfiel. Daſſelbe iſt unter andern dem Worte Hwelf, d.i. Wolf, begegnet. Einige Völkerſchaften ließen das H weg, und ſagten Welf; andere verſchluckten das W, und ſagten Helv. Ein Beiſpiel von der letztern Ausſprache hat ſich in dem Namen Helwing erhalten, wel-cher mit dem Namen Wulfing einerlei iſt, und Wolfs-Junge bedeutet.

Nach dieſer Auseinanderſetzung wäre alſo Helve und Helveten durch Wölfe zu über-ſetzen.

Ich habe nun verſchiedene Namen alter Völker im Keltiſchen Europa geſammelt; und Theils etymologiſch darzuthun geſucht, daß dieſelben auch der alten Germaniſchen Sprache angehören, Theils einige Germaniſche Völker von gleichem Namen daneben geſtellt: um daraus den Schluß ziehn zu laſſen, daß die Kelti-ſche und Germaniſche Sprache nahe verwandt ſeyn, und folglich beide Völ-ker zu Einem Haupt-Stamme gehören müſſen. Eine ſummariſche Wiederholung der vorzüglichſten Namen, auf welche es hier am mei-

ften ankömmt, wird dem Leſer nicht unwillkom‐
men ſeyn.

1.

Kel‐don.

Brit‐don.

Red‐don.

Rut‐den.

Rhod‐dan.

Lugs‐dan.

Sand‐don.

Theud‐don.

Gut‐don.

Yver‐don.

2.

Raur‐ak.

Mars‐ak.

Segons‐ak.

Vibr‐ak.

Dieſs‐ak.

3.

Kant‐Aberen.

Aber‐deen.

Yver‐don.

Ebor‐ak.

Ebro.

Eburonen.

Iberen.

4.

Heneten.

Bojer.

Kunen.

Kuneten.

Kenomanen.

Cenimagni.

5.

Aduaten.

Remen.

Marſen.

Marſingen.

Helve.

Helveten.

6.

Germanen.	Hedui.
Hermionen.	Cambern.
Hermunduren.	Blgerronen.
Herusken.	Branovifen.
Burgunden.	Bränoven.

Ich füge noch einige Namen Kelto-Gallischer Heerführer hinzu, die, weil sie entweder unmittelbar mit Germanischen Namen übereinkommen, oder doch wenigstens aus Wörtern zusammengesetzt sind, welche sich auch in der Germanischen Sprache finden, zur Unterstützung des Hauptgedankens dieser Schrift beitragen.

Brennus, das Deutsche Brenno, oder Bruno, d. i. Panzer (§. 16.)

Teutomar, das Deutsche Ditmar, d. i. Volkspferd (§. 29. 42.)

Ich setze nämlich voraus, daß die Leseart Teutomat, die sich in unsern Ausgaben Cäsars findet [1]), ein Schreibefehler sey.

Die folgenden Namen sind alle zusammengesetzt mit Riks (Rix), Gothisch Reiks, d. i. Anführer, Fürst (§. 17.)

1) D. b. G. VII. 31.

Deudorix, Volksfürst, (§. 29.)

Dumnorix, aus Dun - riks, Meeresfürst, (§. 46. und III. 4, a.)

Bojorix, Fürst der Bojer, d. i. der Zelt=Völ=ker, (§. 35. und III. 4. c.)

Eporedorix, Ober=Fürst, (III. 4. b.)

Lugetorix, Rabenfürst, vom alten Kelto=Germanischen Lug, Rabe [1]).

Adiatorix, Entenfürst, Entrich; von Adiat, Ente [2]).

Ausser den beiden letzten Namen kommen noch mehrere vor, welche von einem Thiere, und von dem Begriffe des Herrschens oder Anführens, her=genommen sind; als: Emmerich, Bienenfürst; Gänserich, Gänsefürst; Geiserich, Ziegen=

lich Ulfrich, Wolfsfürst; Arnold, Adlerherr=scher; Romuald, Rumbold, Widderherrscher; Mirabaud, Marivaux und Waldemar, Pferdeherrscher; Bartold, Bärenherrscher.

1) Plutarch, de fluviis, tit. Arar.
2) S. oben, III. 4. f.

IV.

Erklärendes Register über die unter No. III. 3. angeführten eigenen Namen.

(Die beigesetzten Zahlen beziehn sich auf die Paragraphen.)

A.

Aachen, Wasser. 47.

Aalbek, Aalbach. 48.

Aberdeen, Oberwasser. III. 4. b.

Acha, Wasser. 47.

Achenwall, Wasserwall. 47.

Adalbert, Edel-Art. 26. 9.

Adaldag, Edel-Degen. 26. 12.

Adalgar, Edel-Spieß. 26. 19.

Adalwart, Edel-Warte. 26. 27.

Adelgunde, Edel-Kriegerinn. 26. 4.

Adelheid, Edel-Gehölz. 26. 36.

Adelmund, Edel-Beschützer. 26. 22.

Adelstan, Edelstein. 26. 59.

Adelung, Edelknabe. 26. 34.

Adolf, Edelwolf. 26. 40.

Agnar, Wasser-Adler. 47. 45.

Ahlefeld, Edelfeld, 26.

Ahlemann, Edelmann. 26.

Ahlward, Edelwarte. 26. 27.

Aistulph, Schnell-Wolf. 21. 40.

Alarich, Edelfürst. 26. 17.

Albers, Edel-Art. 26. 9.

Albert, dasselbe.

Albrand, Edel-Schwert. 26. 11.

Albrecht, }
Albret,   } Edel-Art. 26. 9.

Aldred, Altrohr. 49.

Alf, Wolf. 40.

Alfhild, Wolf-Kriegsgöttinn. 40. 2.

Alfred, Wolfsrohr. 40. 49.

Alkmar, vollkommnes Pferd. 5. 42.

Alkuin, }
Alkwin, } vollständiger Krieg. 5.

Amalarich, Amaler-Fürst. 17.

Amalasventa, Amaler-Tochter. 33.

Amalia, Amalerinn. 17.

Amelang, Amaler-Knabe. 17.

Amelungsborn, dasselbe. 17.

Anselm, Adlerhelm. 45. 15.

Ansgar, Adlerspieß. 45. 10.

Apitz, Bienensohn. 61.

Arbert, Adler-Art. 45. 9.

Arenberg, Adlerberg. 45.

Arenswalde, Adlerswald. 45.

Arnaud, s. Arnold.

Arnd, Adler. 45.

Arnemann, Adlermann. 45.

Arnfaſt, Adlerfeſt. 45.

Arnfeld, Adlerfeld. 45.

Arnfried, Adlerfriede. 45.

Arngrimm, Adlerkrieg. 45. 6.

Arnheim, Adler-Heimath. 45. 39.

Arnold, Adler-Herrſcher. 45. 18.

Arnolf, Adler-Wolf. 45. 40.

Arnſchild, Adlerſchild. 45.

Arnſtedt, Adler-Stätte. 45.

Äſa, Waldung. 54.

Äsbjörn, Waldbär. 54. 41.

Aſperg, Waldberg. 54.

Aſſeburg, Waldburg. 54.

Aſtrid, Aſt-Rohr. 49.

Athalarich, Edelfürſt. 26. 17.

Athanarich, Gothenfürſt. 17.

Aubert, Edel-Art. 26. 9.

Aurach, Vorder-Waſſer. 19. 47.

B.

Bacharach, Bachwaſſer. 47.

Bärenreuth,
Baireuth, } Bären-Rohr. 49.

Baldamus,
Balde, } Herrſcher. 18.

Baldinger, Herrſcher-Knabe. 18. 34.

Baldrich, Herrſcherfürſt. 18. 17.

Balduin, Herrſcherkrieg. 18. 5.

Baltemund, Herrſcher-Beſchützer. 18. 22.

Baltimore, Herrscher-Pferd. 18. 42.

Bardewik, Axt-Treffen. 9. 7.

Bardo, Streit-Axt. 9.

Barendorf, Bärendorf. 41.

Barleben, Bären-Aufenthalt. 41.

Barnstedt, Bären-Stätte. 41.

Bartenstein, Axt-Stein. 9.

Bartoldy, Axt-Herrscher. 9. 18.

Baruth, s. Baireuth.

Bayer, Zeltwohner. 35.

Bechstein, Bachstein. 48.

Bedschard, Bet-Herz. 20.

Bek, Bach. 48.

Bekford, Bach-Schanze. 48.

Bekmann, Bachmann. 48.

Belgrad, Weiß-Stadt. 38.

Benno, Panzer. 16.

Bentink, Panzer-Knabe. 16. 34.

Bering, Bären-Knabe. 41. 34.

Bernau, Bären-Au. 41.

Berenburg, Bärenburg. 41.

Berengar, Bärenspieß. 41. 10.

Berlepsch, Bärwolf. 41. 40.

Bern,

Berend, } Bär. 41.

Berends,

Bernek,

Bernekker, } Bären-Zaun. 41. 36.

Bernhart, Bärenherz. 41. 20.

Bernsdorf, Bärendorf. 41.

Bernstadt, Bärenstadt. 41.

Berolf, Bärwolf. 41. 40.

Bertha, ⎤
Berthier, ⎦ Streit=Art. 9.

Bertold, Art=Herrscher. 9. 18.

Bertram, Art=Widder. 9. 44.

Bertrand, Art=Schild. 9. 14.

Bertuch, Bärenführer. 41.

Berwik, Bären=Stätte. 41. 7.

Biberach, Biberwasser. 47.

Björkö, Birken=Insel. 50.

Björnstahl, Bär=Stahl. 41.

Bochart, Poch=Herz. 20.

Böheim, Heimath der Zeltvölker. 35. 39.

Boerhave, Zelt=Gehäge. 35. 36.

Boje, Zeltwohner. 35.

Bojemund, Zeltbeschützer. 35. 22.

Bolte, Herrscher. 18.

Bora, Zelt. 35.

Borheck, Zelt=Hecke. 35. 36.

Bourday, ⎤
Bourdon, ⎦ Zelt=Wasser. 35. 46.

Bourdaloue, Zelt=Thals Sohn. 35. 33.

Brabek, Braubach. 48.

Brand, ⎤
Brandes, ⎦ Schwert. 11.

Brändel, Schwertlein. 11.

Brandenburg, Schwertburg. 11.

Brandenstein, Schwertstein. 11.

Braunschweig, Bruno's (Panzers) Wohnstätte. 16. 7.

Breisach,
Breislach, } Breis-Wasser. 47.

Brenkenhof, Panzerhof. 16.

Brennaborg, Panzerburg. 16.

Brenneke, Panzerchen. 16.

Brenner,
Brenno, } Panzer. 16.

Bring, Panzer. 16.

Brinkmann, Panzermann. 16.

Brunhild, Panzer-Kriegsgöttinn. 16. 2.

Brüning, Panzer-Knabe. 16. 34.

Bruno,
Bruns, } Panzer. 16.

Brynolf, Panzerwolf. 16. 40.

Buchhein, Buchenwald. 52.

Bugenhagen, Buchen-Zaun. 36.

Bure,
Büren, } Zeltbewohner. 35.

Büring, Zelt-Knabe. 35. 34.

Burghart, Burg-Herz. 20.

Burgund, Zeltkrieger. 35. 4.

Buridan, Zeltwasser. 35. 46.

Burke, Zeltlein. 35.

Burlington, Zelt-Gehäge. 35. 37.

Burmann, Zeltmann. 35.

Burney, Zelt-Insel. 35. 50.

Büsching, Busch-Knabe. 34.

C.

Caen, Stamm. 31.

Calais, Gallen-Waſſer. 47.

Cambden, Kampfwaſſer. 46 und III. 4. d.

Cambrai, ⎫
Camerik, ⎬ Kampfwaſſer. 47 und III. 4. d.

Cantabrien, Oberland. III. 4. b.

Canterbury, Landsburg. III. 4. b. und §. 31.

Caudebec, Kaltbach. 48.

Chambaud, Heim-Herrſcher. 39. 18.

Chamfort, Heim-burg. 39.

Charlestown, Karlſtadt. 37.

Chatham, (Chateau-ham) Schloßheim. 39.

Cherbourg, Kriegsburg. I. (1.)

Cheſterfield, Pferdefeld. I. (1.)

Chilbert, Art der Kriegsgöttinn. 2. 9.

Childebrand, Schwert der Kriegsgöttinn. 2. 11.

Childerich, Fürſt der Kriegsgöttinn. 2. 17.

Clarendon, Klarwaſſer. 46.

Clodwig, Volks-Treffen. 30. 7.

Clothilde, Volks-Kriegsgöttinn. 30. 2.

Congreve, Stamm-Graf. 31.

Cunäus, Stamm. 31.

D.

Dachröden, Dachrohr. 49.

Dagobert, Degen-Art. 12. 9.

Dankwert, Dänen-Warte. 27.

Donegal, See-Galle. 46.

Dorenburg, Thors-Burg. 55.

Dortmund, Thors-Beschützer. 55. 22.

Drottningholm, der Gebieterinn Insel. 51.

Duderstadt, Volks-Stadt. 29.

Duisburg, Volksburg. 29.

Dunbar, Wasserbär. 46. 41.

Duncam, Wasserkampf. 46. und III. 4. d.

Dunholm, Wasser-Insel. 46. 51.

Dunmore, Wasser-Morast. 46.

Duns, Gewässer. 46.

Dunwich, Wasser-Stätte. 46. 7.

Durlach, Thors-Wasser. 55. 47.

Duttweiler, Volksdorf. 29.

E.

Eberhart, } Eber-Herz. 20.
Ebert,

Eccard, Fürstenherz. 17. 20.

Edam, Inseldamm. 50.

Edgar, Glücks-Spieß. 24. 10.

Edmund, Glücks-Beschützer. 24. 22.

Eduard, } Glücks-Warte. 24. 27.
Edward,

Edwin, Glücks-Krieg. 24. 5.

Egbert, Insel-Axt. 50. 9.

Eggeling, Insulaner. 50. 34.

Eglof, Inselwolf. 50. 40.

Egmont, Insel-Beschützer. 50. 22.

Ehlert, Edelherz. 26. 20.

Ehrhart, Ehren-Herz. 20.

Eimund, Insel-Beschützer. 50. 22.

Eirik, Inselfürst 50. 17.

Eisenach, Eisenwasser. 47.

Eisenhart, Eisenherz. 20.

Ekbert, s. Egbert.

Emden, Ems-Wasser. 46.

Emmerich, Bienenfürst. 17.

Emund, s. Eimund.

Engelbrecht, Engel-Art. 9.

Engelhart, Engelherz. 20.

Engelschall, Engel-Diener. 56.

Erbach, Kriegsbach. 1.

Erbert, Kriegs-Art. 1. 9.

Erfurt, Kriegs-Furth. 1.

Erich,
Erik, } s. Eirik.

Erland, Kriegsland. 1.

Erling, Krieger. 1.

Erlund, Kriegswald. 1. 53.

Erman, Kriegsmann. 1.

Ermanarich, Fürst der Kriegsmänner. 1. 17.

Ernouf, s. Arnolf.

Erpold, Kriegsherrscher. 1. 18.

Erthal, Kriegsthal. 1.

Eskil, Eßkessel. 58.

Ethelred, Edelrohr. 49.

Ewald, Insel-Herrscher. 56. 18.

F.

Falſtaf, Fallſtab. 57.

Faramund, Reiſe-Beſchützer. 22.

Fielding, Feldknabe. 34.

Fiſchbek, Fiſchbach. 48.

Folkwin, Volkskrieg. 5.

Forſtek, Forſt-Gehäge. 36.

Fredegunde, Friedens-Kriegerinn. 28. 4.

Friedebrand, Friedens-Schwert. 28. 11.

Friedeger, Friedens-Spieß. 28. 10.

Friedrich, Friedensfürſt. 28. 17.

G.

Gandolf, Kriegswolf. 4. 40.

Garderik, Stadt-Fürſt. 38. 17.

la Gardie, die Stadt. 38.

Garrik, Spießfürſt. 10. 17.

Gaſton, Schell. 21.

Gautbert, Gothen-Axt. 9.

Gautrek, Gothenfürſt. 17.

Gebhart, Geb's Herz. 20.

Gerbert, Spieß-Axt. 10. 9.

Gerhart, Spieß-Herz. 10. 20.

Gerken, Spießlein. 10.

Gerlach, Spießwaſſer. 10. 47.

Germund, Spießbeſchützer. 10. 22.

Geroldseck, Spießherrſcher-Gehäge. 10. 18. 36.

Geroldſtein, Spießherrſcher-Stein. 10. 18.

Gersau, Spieß-Au. 10.

Gersdorf, Spießdorf. 10.

Gersfeld, Spießfeld. 10.

Gersheim, Spießheim. 10.

Gertrud, Gertenrohr. 49.

Gilbert, Art der Kriegsgöttinn. 2. 9.

Girard, s. Gerhart.

Giselbert, Geißel-Art. 9.

Godarich, Gothenfürst. 17.

Godwin, Gotteskrieg. 5.

Goldbek, Goldbach. 48.

Goldhagen, Goldzaun. 36.

Golitz,   ⎫
          ⎬ Gallen-Sohn. 61.
Golz,   ⎭

Gordon, Eingeschloßener Wohn'ort. 38.

Goswin, s. Godwin.

Gotthart, Gottesherz. 20.

Gottrik, Gothenfürst. 17.

Gottschalk, Gottesdiener. 56.

Grävenitz, Grafen-Sohn. 61.

Gramm, Krieg. 6.

Gresham, s. Gersham.

Grimm, Krieg. 6.

Grimmer, Krieger. 6.

Grimoald, Kriegsherrscher. 6. 18.

Grumbach, Kriegsbach. 6.

Gualderi, Herrscher. 18. 1. (e.)

Gudmund, Gut-Beschützer. 22.

Guelf, Wolf. 40.

Guerike, f. Gerken.

Guido, Weiſſe. I. (e.)

Guibert,
Guilaberti, } Wild-Art. 25. 9.

Guillaume, f. Wilhelm.

Guiſchard, Weißherz. 20. 1. (e.)

Gundar, Krieger. 4.

Gundebald, Kriegsherrſcher. 4. 18.

Gundemund, Kriegsbeſchützer. 4. 22.

Gundlach, Kriegswaſſer. 4. 47.

Gundling, Krieger. 4.

Gundrich, Kriegsfürſt. 4. 17.

Günther, f. Gundar.

Guntram, Kriegs-Widder. 4. 44.

Guſtaf, Gut-Stab. 57.

H.

Haak, Gehäge. 36.

Hadamar, Schnell-Pferd. 21. 42.

Hagemann, Zaun-Mann. 36.

Hagen, Zaun, Gehäge. 36.

Hagenbek, Zaunbach. 36. 48.

Hägermann, f. Hagemann.

Hallermund, Hallen-Beſchützer. 12.

Hamburg, Heimburg. 39.

du Hamel, von der Heimath. 39.

Hameln, kleine Wohnſtätte. 39.

Hamilton, Zaun um die kleine Wohnſtätte. 39. 37.

Hamm, Heimath. 39.

Hammerich, Heimfürst. 39. 17.

Hamp, f. Hamm.

Hanisch, Gehäge-Sohn. 36. 61.

Harald, Kriegs-Herrscher. 3. 18.

Harburg, Kriegsburg. 3.

Hardeg, }
Hardek, } Herz-Hecke. 20. 36.

Hardenberg, Herzberg. 20.

Harduin, Herzenkrieg. 20. 5.

Hariobaudes, Kriegsherrscher. 3. 18.

Hariulf, Kriegswolf. 3. 40.

Håkon, f. Hagen.

Harrison, Kriegssohn. 3.

Harsdorf, Kriegsdorf. 3.

Hartfort, Herzburg. 20.

Hartmann, Herzmann. 20.

Hartmund, Herz-Beschützer. 20. 22.

Hartung, Herz-Knabe. 20. 34.

Hartwig, Herz-Treffen. 20. 7.

Harvard, Kriegs-Warte. 3. 27.

Harvey, Kriegs-Insel. 3. 50.

Harwich, Kriegsdorf. 3.

Hastenbek, Schnellbach. 21. 48.

Hastings, Schnell-Knabe. 21. 34.

Haubold, Haupt-Gebieter. 18.

Hedrich, Heckenfürst. 36. 17.

Hedwig, Hecken-Schlacht. 36. 7.

Hegewald, Hecken-Herrscher. 36. 18.

Hegewisch, Heckenwisch. 36.

Herold, Kriegsgebieter. 3. 18.

Herstall, Kriegsstall. 3.

Hertel, Herzchen. 20.

Hertling, Herzling. 20.

Herwig, Kriegstreffen. 3. 7.

Heyer, Hecker. 36.

Heymann, Heckenmann. 36.

Hildburghausen, Aufenthalt der Kriegsgöttinn. 2.

Hildebrand, Schwert der Kriegsgöttinn. 2. 11.

Hildegard, Stadt der Kriegsgöttinn. 2. 38.

Hildegast, Schnell wie die Kriegsgöttinn. 2. 21.

Hildegunde, Kriegerinn wie die Kriegsgöttinn. 2. 4.

Hildemund, Beschützer der Kriegsgöttinn. 2. 22.

Hildesheim, Heimath der Kriegsgöttinn. 2. 39.

Hildetand, Zahn der Kriegsgöttinn. 2.

Hilmar,
Hilmer, } Pferd der Kriegsgöttinn. 2. 42.

Hogarth, Hochstadt. 38.

Hoheneck, Hohen-Zaun. 36.

Holberg, Inselberg. 51.

Holger, Inselspieß. 51. 10.

Holland, Insel-Land. 51.

Hollatz, Hügel-Ast. 60.

Holmfried, Inselfriede. 51. 28.

Holmgard, Inselstadt. 51. 38.

Holmger, Inselspieß. 51. 10.

Holmskiold, Inselschild. 51. 13.

Holum, Insel. 51.

Home, Heim. 39.

Houchard, Hoch-Herz. 20.

Howard, Hochwarte. 27.

Howe, Hof. 36.

Hoya, Hecke. 36.

Hoyer, Hecker. 36.

Hoym, Heim. 39.

Hrolf, s. Rolof.

Hubert, s. Humbert.

Hugo, Hoher.

Humbert, Heim-Art. 39. 9.

Humbold, Heim-Gebieter. 39. 18.

Hume, Heim. 39.

Humfried, Heimfriede. 39. 28.

Hwide, Weiße. I. (4. e.)

Hwitfeld, Weißfeld.

J.

Jedward, Zaun-Warte. 36. (d.) 1.

Jenisch, Hein- oder Wald-Sohn. 52. 61. 1.

Jenicke, s. Henneke. 1.

Jennings, s. Henning. 1.

Jersey, Kriegs-Insel. 1. 50.

Jervis, Kriegszug. 1. (5.)

Inge, Jüngling. 34.

Ingeburg, Jungeburg. 34.

Ingegerd, Junge Gerte. 34.

Ingelger, Junger Spieß. 34. 10.

Ingelheim, Jung-Heim. 34. 39.

Ingelram, Junger Widder. 34. 44.

Ingemar, Junges Pferd. .34. 42.

Ingemund, Junger Beschützer. 34. 22.

Ingersleben, Jungen=Aufenthalt. 34.

Ingewald, Junger Gebieter. 34. 18.

Ingolstadt, Jungstadt. 34.

Ingrid, Junges Rohr. 34. 49.

Joubert, s. Hubert.

Islaif, Eiswolf. 40.

Iverdon, Ober=Wasser. 46 und III. 4. b.

K.

Kalkreuth, Kalkrohr. 49.

Kanstadt, Stamm=Stadt. 31.

Kanstein, Stamm=Stein. 31.

Kaunitz, Stamm=Stein. 31. 61.

Kehnert, Kunhart, Stamm=Herz. 31. 20.

Kempten, s. Cambden.

Kent, s. Landschaft. 31.

Kettelmund, Kessel=Beschützer. 58. 22.

Kettler, Keßler. 58.

Kiel, Kessel. 58.

Kielmannsegge, Kesselmanns=Hecke. 58. 36.

Kilmaine, Kriegsgöttinn=Mann. 2. 1.

Kingston, Königs=Stadt. 31. 37.

Kleinert, Klein=Herz. 20.

Knigge, König. 31.

Königseck, Königs=Heck. 36.

Köhne, Stamm. 31.

Konrad, Stamm=Versammlung. 31. 49.

Kreutznach, Kreutz-Wasser. 47.

Kronegh, Kron-Hecke. 36.

Krusatz, Kreutz-Ast. 60.

Kunegunde, Stamm-Kriegerinn. 31. 4.

Künemund, Stamm-Beschützer. 31. 22.

Kunersdorf, Stamm-Dorf. 31.

Kunitz, s. Kaunitz.

Kuno, Stamm. 31.

Kunrad, s. Konrad.

Kunz, s. Kunitz.

Kurt, s. Kunrad.

Kurzbek, Kurzbach. 48.

Kyburg, Stammburg. 31.

Kynhelm, Stammhelm. 31. 15.

Kynrich, Stammfürst. 31. 17.

Kynnulf, Stammwolf. 31. 40.

L.

Lambecius, s. Langebek.

Lambert, Lang-Axt. 9.

Lambrecht, s. Lambert.

Langebek, Langbach. 48.

Lauenburg, Löwensburg. 43.

Ledebur, Volks-Hütte. 30. 35.

Leibnitz, Löwensohn. 43. 61.

Leonhart,
Lenhart,
Lehnert,   } Löwenherz. 43. 20.
Lienhart,

Lerbek, Leer = bach. 48.

Lemgo, Löwengau. 43.

Leudrich, Volksfürst. 30. 17.

Leupold, Löwengebieter. 43. 18.

Leutmaritz, Volkspferdes = Sohn = oder Dorf. 30. 42. 61.

Leuward, Löwen = Warte. 43. 27.

Leopold, Löwengebieter. 43. 18.

Leobschütz, Löwenschütz. 43.

Lemberg, Löwenberg. 43.

Lloyd, Volk. 30.

Loder, } Völker. 30.
Lothar,

Löbegün, Löwen = Stamm. 43. 31.

Lübek, Volksbach. 30. 48.

Ludolf, Volkswolf. 30. 40.

Ludwig, Volkstreffen. 30. 7.

Lüderitz, } Volkssohn. 30. 61.
Lüders,

Lüderwald, Volksgebieter. 30. 18.

Luitbert, Volks = Art. 30. 9.

Luitbrand, Volks = Schwert. 30. 11.

Luitward, Volks = Warte. 30. 27.

Lüneburg, Löwenburg. 43.

Luther, Völker. 30.

M.

Madlitz, Mädchen = Sohn oder Dorf. 32. 61.

Madrid, Mädchen = Rohr, 32. 49.

Mak, Sohn. 32.

Makensen, Sohnes-Sohn. 32.

Maklin, Söhnchen. 32.

Malmö, Erz-Insel. 50.

Marburg, Pferdeburg. 42.

Marezoll, Pferdezoll. 42.

Maring, Pferde-Knabe. 42. 34.

Marivaux, Pferdegebieter. 42. 18.

Markard, Märker.

Marschall, Pferdediener. 42. 56.

Marsfeld, Pferdefeld. 42.

Marwood, Pferde-Gehölz. 42.

Mathilde,
Mechthild, } Jungfer Kriegsgöttinn. 32. 2.

Mehring, s. Maring. 42. 34.

Meidinger, Mädchensohn. 32. 34.

Meinert,
Meinhart, } Mein Herz. 20.

Mekel, Söhnlein. 32.

Mirabaud, Pferdegebieter. 42. 18.

N.

Naugard, Neustadt. 38.

Neidhart,
Nidhart, } Neidherz. 20.

O.

Odoaker, Glücks-Wächter. 24.

Oelrich, s. Alarich.

Oernhielm, Adlerhelm. 45. 15.

R.

Radlef, Rohrwolf. 49. 40.

Radmund, Rohrbeschützer. 49. 22.

Radstock, Rohrstock. 49.

Radulf, Rohrwolf. 49. 40.

Radwik, Rohrdorf. 49. 7.

Raimund, Widder-Beschützer. 44. 22.

Ralph, s. Rolf.

Rambach, Widderbach. 44.

Ramberg, Widderberg. 44.

Ramdor, Widder-Thor. 44. 55.

Rammelburg, Widderburg. 44.

Ramsay, Widder-Insel. 44. 50.

Ramsden, Widder-Wasser. 44. 46.

Ramward, Widder-Warte. 44. 27.

Randel, Schildlein. 14.

Ratzeburg, Rohrburg. 49.

Reck, Fürst. 17.

Reccard,
Reichart,
Richard, } Fürstenherz. 17. 20.
Rickert,

Reder, Rohr. 49.

Reichel, kleiner Fürst. 17.

Reichhelm, Fürstenhelm. 17. 15.

Reimarus, } Rein-Pferd. 42.
Reimer,

Reinbek, Reinbach. 48.

Reinegg, } Rein-Hecke. 36.
Reinek,

Rolof, ⎤
Rollo, ⎬ Rohr=Wolf. 49. 40.
Roux, ⎦

Romsdal, Widderthal. 44.

Romuald, Widdergebieter. 44. 18.

Rosemund, Rosenbeschützer. 22.

Rothweil, Rohrdorf. 49.

Rudbek, Rohrbach. 49. 48.

Rudenskiold, Rohrschild. 49. 13.

Rudlof, ⎤
Rudolf, ⎬ Rohrwolf. 49. 40.

Rudolstadt, Rohrwolfs=Stadt. 49. 40.

Rüchel, s. Reichel.

Rüdiger, Rohrspieß. 49. 10.

Rüthling, Rohrling. 49. 34.

Rumbold, Widdergebieter. 44. 18.

Rumfort, Widder=Festung. 44.

Rumlaborg, s. Rammelburg.

Runolph, Heimlicher Wolf. 40.

Rupert, s. Robert.

Rurik, s. Rörik.

Rutland, Rohrland. 49.

Ruyter, s. Röder, Reder.

S.

Schöning, Schöner Knabe. 34.

Schubart, s. Joubert, oder Hubert.

Schwetzingen, Schweiz im Kleinen. 34.

Schwickert, Schweig=Herz. 20.

Seybold, Siegsgebieter. 8. 18.

Seyfart, Siegsfahrt. 8.

Seyfried, Siegfried. 8. 28.

Seymour, Siegspferd. 8. 42.

Sebald, Siegsgebieter. 8. 18.

Segebart, Siegs = Art. 8. 9.

Shelburn, Hellbrunn. 1. (2.)

Sheldon, Hellwasser. 1. 46.

Sheridan, (Eridanus) Kriegswasser. 1. 46.

Sheringham, Kriegs = Knaben = Heimath. 1. 34. 39.

Sichersreuth, (Siegersreuth), Siegsrohr. 8. 49.

Siebold, s. Sebald. 8. 18.

Siegbert, Siebert, Sieg = Art. 8. 9.

Siegert, Siegsherz. 8. 20.

Sieghild, Siegende Kriegsgöttinn. 8. 2.

Siegmar, Siegspferd. 8. 42.

Siegmund, Siegsbeschützer. 8. 22.

Siegroth, s. Sichersreuth.

Siegwald, Siegsgebieter. 8. 18.

Siegwart, Siegswarte. 8. 27.

Sieyes, ⎤
         ⎬ Sieger. 8.
Sigge,   ⎦

Sigtuna, Siegstätte. 8. 37.

Skiold, Schild. 13.

Starenberg, Starkenberg. 23.

Stargard, Starkstadt. 23: 38.

Steinach, Steinwasser. 47.

Steinbart, Stein = Art. 9.

Steinbek, Steinbach. 48.

Stenbok, Steinbock. 59.

Stenkil, Steinkessel. 59. 58.

Steward, Steh-Warte. 27.

Stiernhjelm, Stirnhelm. 15.

Stockholm, Holz-Insel. 51.

Stormar, Starkpferd. 23. 42.

Strombek, Strombach. 48.

Struensee, Starkensee. 23.

Stuart, s. Steward.

Styrbjörn, Starkbär. 23. 41.

Styrum, Stark. 23.

Sven, ⎰
Svend, ⎱ Jüngling. 33.

Swinburne, Jünglings-Sohn. 33.

T.

Tangatz, Tannen-Ast. 60.

Tankred, Tannenrohr. 49.

Theden, Deutscher. 29.

Theobald, Volksgebieter. 29. 18.

Theodolf, Volks-Wolf. 29. 40.

Theodorich, ⎰
Thiedrek, ⎱ s. Dietrich.

Theudbert, Volks-Axt. 29. 9.

Theudekon, Volksstamm. 29. 31.

Theudhild, Volks-Kriegsgöttinn. 29. 2.

Thorismund, Thorsbeschützer. 55. 22.

Thorlaif, Thorswolf. 55. 40.

Thorlak, Thorswasser. 55. 47.

Tiedemann, Volksmann. 29.

Tiedge, kleiner Deutſcher. 29.

Torbern, Thors-Bär. 55. 41.

Torstenskiold, Thors-Steinſchild. 55. 59. 13.

Thüring, Thors-Knabe. 55. 34.

Thurlow, Thors-Wolf. 55. 40.

U.

Ulf, Wolf. 40.

Ulfhild, Wolfs-Kriegsgöttinn. 40. 2.

Ulphilas, Wolf. 40.

Ulrich, Wolfsfürst. 40. 17.

V.

Verden, } Kriegswaſſer. 1. (4. b.) 46.
Verdun, }

Villaume, ſ. Wilhelm.

Volkmar, Volkspferd. 42.

Vollrad, Volks-Verſammlung. 49.

W.

Walbek, Waldbach. 48.

Waldbert, Wald-Art. 9.

Waldek, Wald-Hecke. 36.

Waldemar, Herrſcherpferd. 18. 42.

Walter, Gebieter. 18.

Warburton, Kriegsburgſtadt. 1. 37.

Warmund, Kriegsbeſchützer. 1. 22.

Warſing, Kriegsknabe. 1. 34.

CPSIA information can be obtained
at www.ICGtesting.com
Printed in the USA
BVHW040610220119
538356BV00004B/72/P